Kompakt Edition:
Geschäftsführer im Konzern

Lizenz zum Wissen.

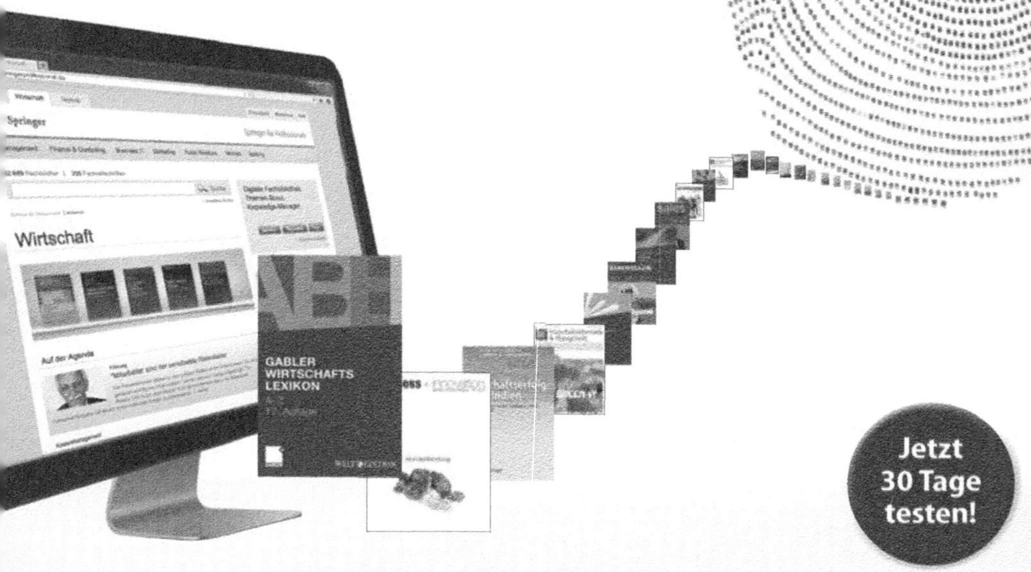

Lothar Volkelt

Kompakt Edition: Geschäftsführer im Konzern

Aufgaben, Geschäftsführerverträge, Rechte und Pflichten

2., Auflage

 Springer Gabler

Lothar Volkelt
VVF Medienkonzepte GmbH
Bollschweil, Deutschland

ISBN 978-3-658-03206-7   ISBN 978-3-658-03207-4 (eBook)
DOI 10.1007/978-3-658-03207-4

Die Deutsche Nationalbibliothek verzeichnet diese Publikation in der Deutschen Nationalbibliografie;
detaillierte bibliografische Daten sind im Internet über http://dnb.d-nb.de abrufbar.

Springer Gabler
© Springer Fachmedien Wiesbaden 2011, 2014

Gedruckt auf säurefreiem und chlorfrei gebleichtem Papier

Springer Gabler ist eine Marke von Springer DE. Springer DE ist Teil der Fachverlagsgruppe Springer
Science+Business Media
www.springer-gabler.de

Vorwort

Gesellschafter-Geschäftsführer treffen strategische und operative Entscheidungen weitgehend selbstständig. Sie unterliegen lediglich dem Weisungsrecht der Gesellschafter durch die Gesellschafterversammlung. Komplizierter ist die Situation des Geschäftsführers, der in einem verbundenen Unternehmen als Verantwortlicher einer Tochtergesellschaft tätig ist. Er muss regelmäßig auf die wirtschaftlichen Interessen der Muttergesellschaft und den Gesamt-Konzern Rücksicht nehmen. Die Konzern-Muttergesellschaft und deren Vorstand können jederzeit direkt in die Geschäfte der Tochtergesellschaften und damit in den Verantwortungsbereich der Geschäftsführer eingreifen.

Der Geschäftsführer der Tochtergesellschaft muss den Spagat zwischen gegenläufigen Interessen annehmen und gestalten: Er muss den Anforderungen des Gesetzgebers an seine Verantwortlichkeiten gerecht werden, er muss die Interessenlage des Gesamt-Konzerns und der Konzern-Obergesellschaft berücksichtigen und last not least die persönlichen Motivationen der Mitglieder der Konzern-Leitung kennen und in seine Unternehmensführung einbeziehen.

In diesem Buch sind alle wichtigen rechtlichen, organisatorischen und praktischen Aspekte des Handelns für den Geschäftsführer im Konzern behandelt. Der Geschäftsführer erfährt darüber hinaus, wie man Geschäftsführer wird und welche Aufgaben und Verantwortlichkeiten auf ihn zukommen. Es zeigt, wie sich der Geschäftsführer vertraglich absichern kann und wie er seine Position zwischen verschiedenen Interessen erfolgreich einnimmt.

Bollschweil im September 2013   Dipl. Volkswirt Lothar Volkelt

Inhaltsübersicht

§ 1   Grundlagen

Mit der Bestellung ins Amt des Geschäftsführers übernimmt der Geschäftsführer die 1 „operative" Hoheit im Unternehmen. In der Praxis gilt das uneingeschränkt nur für den Gesellschafter-Geschäftsführer – also für den Geschäftsführer, der zugleich an der GmbH beteiligt ist und aufgrund seines mit dem Geschäftsanteil verbundenen Stimmrechts seine wirtschaftlichen Interessen in der Geschäftspolitik umsetzen kann. Alle anderen Geschäftsführer müssen sich in der Praxis der Geschäftsleitung mit anderen Organen und Personen abstimmen:

- Der Geschäftsführer, der nur eine **Minderheits-Beteiligung** (Beteiligung < 50 % und weniger) an der GmbH hält, kann die Grundlagen der Geschäftspolitik – das sind z. B. strategische Entscheidungen aber auch Entscheidungen zu einzelnen Geschäftsvorgängen – nur zusammen mit anderen Gesellschaftern durchsetzen.

- Der Geschäftsführer **ohne eigene Beteiligung** an der GmbH (Fremd-Geschäftsführer) unterliegt einem weit reichenden Weisungsrecht der Gesellschafterversammlung. In der Praxis wird zusätzlich ein Katalog zustimmungspflichtiger Geschäfte festgelegt. Diese Geschäfte kann er dann nur tätigen, wenn er zuvor das Einverständnis der Gesellschafter zu solchen Geschäften einholt.

Noch weiter gehende Abhängigkeiten muss der Geschäftsführer im Tochterunterneh- 2 men eines Konzerns in Kauf nehmen. Da es Zweck des Konzerns ist, die einzelnen Unternehmensteile zum Wohle des gesamten Unternehmensverbundes zu verbinden, ist die Konzernleitung mit Vollmachten und Rechten ausgestattet, die es ermöglichen jedes Konzernunternehmen auf dieses gemeinsame Ziel hinzulenken. Für den einzelnen Geschäftsführer bedeutet das: Er ist Team-Player – er muss sich mit seinen Entscheidungen und wirtschaftlichen Ausrichtungen arrangieren und er muss sich mit den handelnden Personen im Konzern verständigen, einlassen und abstimmen. Das erfordert hohe soziale und kommunikative Kompetenz und die Fähigkeit, sich auf Projekt- und Führungs-Management einzulassen.

A.   Konzern ist nicht gleich Konzern

Ein Konzern entsteht, wenn mehrere Unternehmen finanziell, wirtschaftlich oder 3 rechtlich miteinander verbunden sind, so dass die Unternehmen unter einer einheitlichen Leitung stehen. Die einzelnen Konzern-Unternehmen bleiben dabei rechtlich eigenständige Unternehmen. Die Verbindung der Unternehmen besteht dabei entweder in der Verflechtung von Kapitalanteilen oder in vertraglichen Vereinbarungen. Man unterscheidet verschiedene Arten von Konzernen.

L. Volkelt, *Kompakt Edition: Geschäftsführer im Konzern*,
DOI 10.1007/978-3-658-03207-4_1, © Springer Fachmedien Wiesbaden 2014

1

- Der **Vertragskonzern**: Dabei wird zwischen dem Mutterunternehmen und einem/ den Tochterunternehmen ein Vertrag[1] abgeschlossen, in dem die Rechte und Pflichten der Beteiligten vereinbart werden (z. B. als Gewinnabführungsvertrag).

- Der **faktische Konzern**: Besteht die Verbindung allein aus einer (gegenseitigen) Beteiligung, handelt es sich um eine faktische Verbindung zwischen den Unternehmen[2].

- Der **qualifizierte Konzern:** Hält das Mutterunternehmen eine beherrschende Beteiligung an einem anderen Unternehmen (Beteiligung > 50 %), hat die Muttergesellschaft jederzeit die Möglichkeit auf die Geschäfte der Tochterunternehmen Einfluss zu nehmen.

4   Rechtliche Vorgaben für in dieser Weise verbundene Unternehmen ergeben sich aus dem Aktienrecht, dem Wertpapierhandelsgesetz, dem Mitbestimmungsrecht, dem Handels- und Steuerrecht und dem Wettbewerbsrecht. Das Aktienrecht verbietet aber die Bildung von faktischen qualifizierten Abhängigkeiten für Aktiengesellschaften. Die Aktiengesellschaft kann zwar Aktien anderer Aktiengesellschaften erwerben. Damit ist es aber nicht möglich, direkten Einfluss in Form von Weisungen an den Vorstand der Tochter-Aktiengesellschaften zu erteilen. Die Weisungshoheit an einer anderen Aktiengesellschaft ist nur über einen Beherrschungsvertrag zwischen der Konzern-Muttergesellschaft und den Konzern-Untergesellschaften möglich. Dieser sog. Gewinnabführungsvertrag bedarf der Zustimmung durch die Hauptversammlung[3] der beteiligten Konzern-Gesellschaften.

> **Stellung des Vorstandes einer „Tochter"-Aktiengesellschaft**
>
> In der Regel wird der Vorstand zeitlich befristet bestellt (max. 5 Jahre) und auf der Grundlage eines ebenfalls zeitlich befristeten Anstellungsvertrages tätig. Dieser kann während der Laufzeit in der Regel nur aus wichtigem Grund vorzeitig gekündigt werden[4]. Der Vorstand kann die operativen Geschäfte im Rahmen bestehender Gesetze und vertraglicher Vereinbarungen selbst bestimmen[5]. Er ist ausschließlich dem Wohl der Gesellschaft verpflichtet. Weder Aufsichtsrat noch Hauptversammlung können dem Vorstand direkte Weisungen erteilen.

5   Rechtlich völlig anders angelegt ist die Einbindung von Unternehmen in der Rechtsform der GmbH (Unternehmergesellschaft, aber auch GmbH & Co. KG) in einen Konzern bzw. Unternehmensverbund. Hier gelten zunächst die Vorschriften des GmbH-Gesetzes. Das betrifft die Stellung der Organe der GmbH, ihre Rechte und Pflichten

---

1   §§ 291, 292 AktG
2   § 17 AktG
3   §§ 293, 308 AktG
4   § 84 Abs. 3 AktG
5   § 76 AktG

und insbesondere die Aufgabenteilung zwischen den Gesellschaftern der GmbH und ihrem/n Geschäftsführer/n.

> ### Stellung des Geschäftsführers einer „Tochter"-GmbH

Der Geschäftsführer wird von den Gesellschaftern der GmbH bestellt – befristet oder unbefristet – und auf der Grundlage eines ebenfalls befristeten oder unbefristeten Anstellungsvertrages tätig. Gesellschafter der GmbH ist im Konzernverbund in der Regel die Konzern-Obergesellschaft. Das Stimmrecht der Konzern-Obergesellschaft wird stellvertretend vom Vorstand der die GmbH-Anteile haltenden Aktiengesellschaft bzw. von der Geschäftsführung der die GmbH-Anteile haltenden GmbH-Obergesellschaft wahrgenommen. Die Gesellschafter der GmbH – vertreten durch die Geschäftsleitung der Muttergesellschaft – können dem Geschäftsführer jederzeit und in allen Angelegenheiten der Tochter-GmbH direkt Weisungen erteilen[6]. Der Geschäftsführer muss diese ausführen, soweit diese nicht gegen bestehende gesetzliche Vorschriften oder vertragliche Vereinbarungen (Gesellschaftsvertrag, Treuepflicht) verstoßen[7].

Zu allen anderen Angelegenheiten der Tochtergesellschaft können die Gesellschafter 6 jederzeit beschließen. Welche Weisungen an den Geschäftsführer erteilt werden, steht völlig im freien Ermessen der Gesellschafter. Auch Einzelanweisungen an Geschäftsführer sind möglich[8]. Dazu genügt jedoch nicht – sofern es mehrere Gesellschafter gibt – die Anweisung eines Mehrheits-Gesellschafters. Die Anweisung muss dann auf der Grundlage eines Gesellschafterbeschlusses erfolgen.

Normalfall ist, dass Sie mit der Weisung einverstanden sind und Sie die Weisung für 7 eine wirtschaftlich richtige Maßnahme halten. Schwieriger ist es, wenn Weisungen auf Gesellschafterbeschlüssen beruhen, denen Nichtigkeit oder Anfechtung droht. Solange kein Gesellschafter eine konkrete rechtliche Maßnahme eingeleitet hat, müssen Sie auch diese Weisung ausführen. Noch schwieriger ist es, wenn es sich um eine Weisung handeln, die Sie wirtschaftlich nicht vertreten wollen oder können[9]

Ein einzelner Gesellschafter – auch nicht der Mehrheits-Gesellschafter – kann keine Weisungen erteilen. Weisungen an die Geschäftsführer müssen auf der Grundlage eines ordnungsgemäßen Gesellschafterbeschlusses ergehen. Als Geschäftsführer einer Tochter-Gesellschaft sollten Sie sich im Fall eines weisungsgemäßen Eingriffs in Ihre Geschäfte entweder immer den autorisierten Beschluss der Gesellschafterversammlung schriftlich vorlegen lassen oder wie im Konzern – eine schriftliche Weisung des weisungsbefugten Organs der Muttergesellschaft vorlegen lassen. Verlassen Sie sich auf keinen Fall auf mündlich, telefonisch oder elektronisch erteilte Anweisungen.

Für die Praxis Befinden sich die gesamten Anteile der Tochter-GmbH (100 % – Beteiligung) im Besitz der Konzern-Obergesellschaft übt der Vorstand/die Geschäftsfüh- 8

6   § 37 GmbHG
7   vgl. dazu unter § 5 Buchstabe D
8   § 37 Abs. 1 GmbHG
9   vgl. dazu unter § 5 Buchstabe D

rung der Obergesellschaft die Gesellschafterrechte aus. Wichtig: Lassen Sie sich alle Weisungen der Geschäftsführung in Schriftform übermitteln und aushändigen. Verlassen Sie sich auf keinen Fall auf mündliche Anweisungen.

9   Da es für GmbH-Konzerne keine ausdrücklichen gesetzlichen Regelungen gibt (außer über die Mitbestimmung, s. o.), werden einzelne Regelungen aus dem Aktienrecht angewandt. Im Unterschied zum Aktienrecht ist die sog. „qualifizierte Abhängigkeit" im faktischen GmbH-Konzern möglich und zulässig.

B.   Vertragliche Einbindung des Geschäftsführers

10   Der Geschäftsführer der Tochter-Gesellschaft wird von den Gesellschaftern bestellt. Damit ist er gesetzlicher Vertreter der Gesellschaft. Er alleine handelt im Außenverhältnis rechtsverbindlich für die Gesellschaft. Unabhängig von seiner Organstellung im Konzern als Geschäftsführer der Tochtergesellschaft gibt es verschiedene Möglichkeiten den Geschäftsführer vertraglich in den Konzern einzubinden:

- Der Geschäftsführer ist als (Leitender) Angestellter der Konzern-Obergesellschaft tätig und wird im Rahmen seines Anstellungsvertrages mit der Geschäftsführung der Tochtergesellschaft beauftragt.

- Der Geschäftsführer wird im Rahmen seines bestehenden Anstellungsvertrages mit der Tochtergesellschaft zusätzlich mit der Führung der Geschäfte der Tochtergesellschaft beauftragt.

- Der Geschäftsführer wird auf der Grundlage des Geschäftsführer-Anstellungsvertrages, der mit der Tochtergesellschaft abgeschlossen wird, tätig.

- Der Geschäftsführer wird aber auch auf der Grundlage eines Anstellungsvertrages mit einem Drittunternehmen (Schwesterunternehmen, z. B. eine Verwaltungs-Gesellschaft) als Geschäftsführer der Tochtergesellschaft tätig.

11   Je nach vertraglicher Ausgestaltung bestimmt sich die Rechtsposition des Geschäftsführers. In der Praxis ist entscheidend, wie die Verhältnisse „tatsächlich" ausgelegt sind – ob der Geschäftsführer z. B. ausschließlich zur Umsetzung von Weisungen eingesetzt wird und ansonsten arbeitnehmerähnlich Tätigkeiten verrichtet oder inwieweit er weisungsunabhängig Entscheidungen treffen kann und über das operative Geschäft hinaus für die Tochtergesellschaft tätig wird[10].

12   Für GmbHs üblich ist, dass der Geschäftsführer auf der Grundlage eines mit der GmbH abgeschlossenen Geschäftsführer-Anstellungsvertrages tätig wird. Dieser kann mit der GmbH oder der geschäftsführenden Komplementär GmbH in der GmbH & Co. KG abgeschlossen werden. Bestand vor der Bestellung zum Geschäftsführer ein Anstellungs- oder Arbeitsverhältnis innerhalb der Konzern-Gesellschaft, sind rechtli-

---

10   zu den Rechten und Pflichten und einzelnen Vertragsgestaltungen vgl. unter § 3 ff.

che Besonderheiten zu beachten. So kann ausdrücklich vereinbart werden, dass dieses Arbeitsverhältnis weiter besteht oder nach Beendigung des Geschäftsführer-Anstellungsvertrages wieder „auflebt"[11]

Für die Praxis

Wenn Sie sicher gehen wollen, dass Sie nach Ihrer Geschäftsführungs-Tätigkeit wieder   **13**
an Ihren alten Arbeitsplatz im Konzern zurückkehren wollen, müssen Sie das ausdrücklich vereinbaren. Am besten als Klausel im Geschäftsführer-Anstellungsvertrag.

Außer der Bestellung zum Geschäftsführer ins Amt und seiner vertraglichen Einbin-   **14**
dung im Konzern gelten für GmbH-Geschäftsführer auch noch einige andere rechtliche Vorgaben und gesetzliche Vorschriften. Das betrifft z. B. seine Verpflichtung zur Unternehmensführung, weitere gesellschaftsrechtliche Vorgaben, die Stellung des Geschäftsführers im Sozialversicherungsrecht u. v. m. Deshalb ist es für den Geschäftsführer mit seiner Bestellung wichtig, sich einen Überblick über das gesamte Vertragskorsett zu verschaffen, in dessen Rahmen er tätig wird.

Checkliste: Das Vertrags-„Korsett" des Geschäftsführers

Betrifft …	Check
„Arbeitgeber"	▣ Sie kennen den Gesellschaftsvertrag „Ihrer" GmbH? ▣ Sie kennen die Verträge, die „Ihre" GmbH zusätzlich binden (Gewinnabführungsvertrag, Vereinbarungen über Verrechnungspreise im Konzern, stille Beteiligungen, Gesellschafter-Darlehen usw.)
Anstellungsverhältnis	▣ die Eckdaten des Anstellungsvertrages sind geklärt (Gehalt, Kündigung, Abfindung) ▣ der sozialversicherungsrechtliche Status ist geklärt
Tätigkeitsbereich	▣ die Vertretungsbefugnis ist geklärt ▣ die Stellenbeschreibung „Ressort" liegt vor ▣ eine Geschäftsordnung liegt vor ▣ sind Sie im Handelsregister korrekt gemeldet und eingetragen

Ist es nicht möglich, vor der Bestellung Einblick in sämtliche Vertragswerke der Konzern-Tochter zu nehmen, sollten Sie sich unmittelbar nach Aufnahme Ihrer Tätigkeit alle internen Verträge vorlegen lassen

---

11   vgl. dazu die Ausführungen unter § 3 ff.

1

bzw. die Konzern-Obergesellschaft veranlassen, den Gesellschaftsvertrag Ihres Unternehmens für Sie offen zu legen – z. B. mit dem Verweis auf Kenntnis zum vertraglichen Umfang von zustimmungspflichtigen Geschäften.

15 Im Familien-Unternehmensverbund gibt es neben den Vorgaben aus den Gesellschaftsverträgen der verbundenen Unternehmen zusätzliche Unternehmensgrundsätze. Darin gibt es zusätzliche verbindliche Vorgaben für alle Gesellschafter, die **Geschäftsführer** und alle Mitarbeiter des Unternehmens. Darin geregelt wird der Umgang mit Geschäftspartnern, Kunden und untereinander. Einige Unternehmen haben dazu eine ausführliche Unternehmens-Charta[12] aufgestellt. Jeder Mitarbeiter ist verpflichtet, die dort aufgeführten Grundsätze zu lesen und zu unterschreiben. Verstöße dagegen sind arbeitsrechtlich relevant.

> In der Regel wird auch vom Fremd-Geschäftsführer im familiären Unternehmensverbund erwartet, dass er die Grundregeln der Unternehmens-Charta kennt, einhält und in seinem Verantwortungsbereich umsetzt. Die Gesellschafter erwarten das und werden diese Grundsätze im Zweifel auch mit arbeitsrechtlichen Konsequenzen gegen den Familien fremden Geschäftsführer umsetzen.

16 Der Geschäftsführer muss jederzeit mit der Sorgfalt des ordentlichen Geschäftsmannes handeln[13]. Er muss bestehende Gesetze einhalten. Er hat die Pflicht zur Unternehmensleitung innerhalb der Vorschriften des Gesellschaftsvertrages, von Gesellschafterweisungen und der – sofern vorhanden – bestehenden Geschäftsordnung.

17 **Beispiele: Besondere Pflichten des Kaufmanns nach Handelsrecht:**

▪ **Schweigen auf Geschäftsbesorgungsverträge:** Schweigt der Kaufmann auf einen Antrag, der auf eine Geschäftsbesorgung im Rahmen seines Gewerbes gerichtet ist, gilt dies als Annahme[14]. Der Geschäftsführer muss ausdrücklich widersprechen, wenn das Geschäft nicht getätigt werden soll.

▪ **Kaufmännisches Bestätigungsschreiben:** Hat der Kaufmann mündlich oder telefonisch mit einem Geschäftspartner über Vertragskonditionen verhandelt und bestätigt dieser anschließend die Vereinbarung in schriftlicher Form, dann muss der Geschäftsführer dem Bestätigungsschreiben ausdrücklich widersprechen, wenn es nicht dem Inhalt der Vereinbarungen entspricht. Andernfalls kommt der Vertrag zu den Konditionen des Bestätigungsschreibens zustande.

▪ **Zinsen:** Kaufleute können bei beiderseitigen Handelsgeschäften Zinsen[15] schon ab dem Tag der Fälligkeit fordern. Für den Zinsanspruch ist daher generell weder eine

---

12 Beispiel für eine Unternehmens-Charta: Die Charta der Unternehmensgruppe Endress & Hauser ist auf den Internet-Seiten veröffentlicht unter http://www.de.endress.com > büber > u > ns > Firmenprofil > Grundregeln > Charta > Download
13 § 43 Abs. 1 GmbHG, § 347 HGB
14 § 362 Absatz 1 HGB
15 § 353 HGB

Mahnung noch ein Verschulden des Vertragspartners Voraussetzung. Außerdem kann stets ein Mindestzins von 5 %[16] statt der im BGB gültigen 4 % gefordert werden.

▨ **Sorgfaltspflicht:** Bei Handelsgeschäften verlangt das Gesetz eine gegenüber dem gewöhnlichen Maßstab erhöhte Sorgfaltspflicht, die es als „Sorgfalt eines ordentlichen Kaufmanns" beschreibt. Diese enthält z. B. die Pflicht zur sorgfältigen Behandlung aller Brief-Ein- und Ausgänge, zur ausreichenden Versicherung wichtiger Sendungen, zur Prüfung von Unterschriften auf Schecks, um Missbrauch zu verhindern.

Daneben sollte der Geschäftsführer auch solche Verpflichtungen kennen, die nach gerichtlichen Entscheidungen zu beachten sind. So muss sich der Geschäftsführer z. B. nach einem Urteil des Oberlandesgerichts (OLG) Schleswig-Holstein *„die notwendigen steuerrechtlichen und handelsrechtlichen Kenntnisse verschaffen, um das Amt auszuführen"*. Ganz konkret muss er in der Lage dazu sein, die Jahresbilanz einer Plausibilitätsprüfung zu unterziehen[17].   **18**

Daneben unterliegt der Geschäftsführer einem Gebot zur Treuepflicht gegenüber „seiner" GmbH. Die Treuepflicht verlangt, dass er Alles tun muss, um den Gegenstand und Zweck der Gesellschaft zu fördern und Alles unterlassen muss, was dem Gegenstand und Zweck der Gesellschaft schadet[18]. Beispiele: Untätigkeit, Unterlassen von Geschäften, mangelhafte Ausführung von Geschäften, Geschäfte auf eigene Rechnung im Gegenstand der GmbH (Verstoß gegen das Wettbewerbsverbot). Besondere Ausprägung der Treuepflicht ist ein generelles Wettbewerbsverbot. Der Geschäftsführer darf nur mit ausdrücklicher Genehmigung der Gesellschafter im Geschäftszweck der GmbH auf eigene Rechnung tätig werden.   **19**

Machen sich Geschäftsführer gegenüber der Gesellschaft schadensersatzpflichtig, haften sie gegenüber der GmbH als Gesamtschuldner[19]. Danach kann die GmbH nach ihrer Wahl von jedem Geschäftsführer – insgesamt jedoch nur einmal – Ausgleich des Schadens verlangen. Wird ein Geschäftsführer für den vollen Schaden in Anspruch genommen, so kann dieser die übrigen dafür zum Ausgleich in Anspruch nehmen[20].   **20**

Übersicht: Besondere Pflichten des Kaufmanns nach GmbH-Recht: **21**

▨ **Auszahlung von Stammkapital:** Der Geschäftsführer ist verantwortlich dafür, dass das Vermögen, das zur Erhaltung des Stammkapitals erforderlich ist, nicht an die Gesellschafter – also auch nicht an die Konzern-Obergesellschaft – ausgezahlt wird[21].

---

16   § 352 HGB
17   OLG Schleswig-Holstein, Urteil vom 11.2.2010, 5 U 60/09
18   § 705 BGB
19   § 43 Abs. 2 GmbHG, §§ 421 ff. BGB
20   § 426 Abs. 2 BGB
21   § 43 Abs. 3 GmbHG, § 30 GmbHG

- **Erwerb eigener Anteile:** Der Geschäftsführer ist verantwortlich dafür, dass die GmbH keine eigenen Geschäftsanteile erwirbt, auf die die Einlagen nicht eingezahlt sind[22].

- **Wirtschaftliche Krise der GmbH:** Der Geschäftsführer haftet für Zahlungen, die nach Vorliegen eines Insolvenzgrundes (Zahlungsunfähigkeit, drohende Zahlungsunfähigkeit, Überschuldung) geleistet werden. Diese Ersatzpflicht entsteht unabhängig davon, ob ein konkreter Schaden entsteht. Ausnahme: Er kann nachweisen, dass die Zahlung nicht zu einer Masseschmälerung geführt hat.

- **Falsche Angaben zur GmbH:** Eine persönliche Haftung des Geschäftsführers entsteht auch im Zusammenhang mit der Gründung bzw. Eintragung der GmbH. Macht der Geschäftsführer hierzu falsche Angaben, kann er mit seinem privaten Vermögen zur Haftung herangezogen werden[23].

---

22   § 43 Abs. 3 GmbHG, § 33 GmbHG
23   § 9a GmbHG

§ 2   Bewerbung zum Geschäftsführer

A.   Was es bedeutet, Geschäftsführer zu sein?

Als Angestellter eines Unternehmens führen Sie die Aufgaben aus, die Ihnen die 1
Unternehmensleitung überträgt. Als Geschäftsführer:

- geben Sie die Ziele des Unternehmens vor,
- organisieren Sie den gesamten Geschäftsablauf,
- entscheiden über alle geschäftliche Angelegenheiten,
- kontrollieren den Geschäftsablauf und
- leiten Ihre Mitarbeiter zur Erledigung Ihrer Aufgaben an.

Dabei übernehmen Sie alle oben genannten Aufgaben. Sobald Sie eine dieser Aufga- 2
ben nicht ausüben, wird es Ihnen auf Dauer nicht gelingen, als Geschäftsführer zu bestehen. Zwar können einzelne Aufgaben einem Ressort übertragen werden. Dennoch
gilt in der arbeitsteiligen Geschäftsführung grundsätzlich das Prinzip der Gesamtver-
antwortung. Delegierte Tätigkeiten müssen Sie regelmäßig kontrollieren.

Die oben Aufgaben erledigen Sie am besten, wenn Sie die folgenden Prinzipien beherr- 3
schen und systematisch im täglichen Geschäftsablauf anwenden:

- Im Mittelpunkt des Geschäftsprozesses steht das Ergebnis (**Ergebnis-Orientie-rung**)
- Jede Tätigkeit ist darauf ausgerichtet, das Sie einen Beitrag zum Ergebnis liefert (**Beitrag zum Ganzen**)
- Machen Sie sich immer bewusst, was im Hinblick auf das Ergebnis wichtig ist (**Konzentration auf das Wesentliche**)
- Nutzen Sie konsequent, was Sie, was der einzelnen Mitarbeiter und was Ihr Unter-nehmen kann (**Stärken nutzen**)
- Trauen Sie Ihren Mitarbeitern zu, dass sie die Ihnen übertragenen Aufgaben er-füllen wollen und können (**Vertrauen**)
- und strahlen Sie in Ihrer gesamten Person die Überzeugung aus, dass Ihr Unter-nehmen und Ihre Mitarbeiter die vorgegebenen Ziele erreichen werden (**positiv Denken**)[1].

---

1 Empfohlene Literatur für Einsteiger: Fredmund Malik, Führen Leisten Leben, Verlag Campus

L. Volkelt, *Kompakt Edition: Geschäftsführer im Konzern*,
DOI 10.1007/978-3-658-03207-4_2, © Springer Fachmedien Wiesbaden 2014

B. Sie streben die Stelle eines Geschäftsführers an

4 Auswahl und Verfahren für die Besetzung einer Geschäftsführungs-Position können sehr unterschiedlich sein. Das richtet sich nach der Größe des Unternehmens, Anzahl und Struktur der Gesellschafter, wirtschaftlicher Situation oder den strategischen Überlegungen der Gesellschafter. Üblich ist die Beauftragung einer Personalberatung. Zunächst wird das Anforderungsprofil und Vergütungsrahmen festgelegt und in der Stellenausschreibung dargestellt. Der Personalberater wertet die Angebote aus, stellt diese den Gesellschaftern vor und lädt zu einem ersten Gespräch ein.

5 Aus Sicht des Bewerbers ist in dieser Phase zu beachten:

- Erfüllen Sie die Muss-Vorgaben aus dem Anforderungsprofil.
- Werden telefonische Vorab-Informationen angeboten? Nutzen Sie diese auf jeden Fall, z. B. um sich über die Muss-Anforderungen zu informieren.
- Prüfen Sie, ob sich aus der Ausschreibung Hinweise auf das Auswahl- und Bewerbungsverfahren ergeben.

6 Orientieren Sie sich bei Ihrer Bewerbung an den üblicherweise empfohlenen Gepflogenheiten und Vorgehensweisen. Nutzen Sie dazu die zum Teil sehr ausführlichen und praxisorientierten Hinweise der Fach-Literatur. Durchaus üblich ist es bei der Bewerbung um eine Geschäftsführungs-Position, sich ebenfalls von einem Personalberater bzw. Placement-Berater coachen zu lassen.

7 Versenden Sie grundsätzlich vollständige Bewerbungsunterlagen, keine Kurzbewerbung. Vollständige Bewerbungsunterlagen bestehen aus:

- einem persönlichen Anschreiben (liegt obenauf) und
- einer Bewerbungsmappe (= Anlage zum Anschreiben).

Die Bewerbungsmappe besteht aus:

- Deckblatt mit Lichtbild,
- Lebenslauf,
- Liste der Veröffentlichungen,
- eventuell Patente oder Warenzeichen,
- Referenzen, Arbeitsproben, Handschriftenproben, polizeiliches Führungszeugnis, Gesundheitszeugnis (nur wenn angefordert).
- Verwenden Sie weißes Briefpapier oder hochwertiges Recyclingpapier mit mindestens 70 g/m² Papiergewicht. Alle Unterlagen (bis auf das Anschreiben) platzieren Sie in einer Bewerbungsmappe. Achten Sie auch beim Briefumschlag auf gute Qualität, z. B. einen Briefumschlag mit einer Verstärkung. Versenden Sie Ihre

Unterlagen **nicht** per Einschreiben oder Eilboten und achten Sie auf ausreichende Frankierung.

▓ Ausführliche und gute Informationen zu den einzelnen Bewerbungsunterlagen gibt es z. B. bei jobware unter - > http://www.jobware.de/ra/rb/index.html

Versorgen Sie sich vor dem persönlichen Gespräch mit Informationen zum Unternehmen[2]. Informationen liefern der Jahresabschluss und der Geschäftsbericht des Unternehmens, den Sie umgehend anfordern sollten. Eine weitere Informationsquelle liefert die Web-Site des Unternehmens. Zur Information können Sie auch das Internet-Netzwerk Xing nutzen, z. B. indem Sie zu aktiven und/oder ehemaligen Mitarbeitern des Unternehmens Kontakt aufnehmen und Informationen einholen. Als Gesprächsunterlagen sollten Sie die Stellenausschreibung, eine Kopie Ihrer Bewerbung, die Einladung, den Geschäftsbericht und eventuell den Personalfragebogen bereithalten. Bereiten Sie sich auf die Frage nach Ihrer Gehaltsvorstellung vor. Zu hohe Forderungen bedeuten schnell ein vorzeitiges „Aus". Eine zu niedrige Forderung deutet auf geschäftliche Unerfahrenheit.

C.   Wie werden Geschäftsführer ausgewählt?

Selbst wenn die Position eines Geschäftsführers im Ausschreibungsverfahren ausgeschrieben und durchgeführt wird, bedeutet dies nicht, dass die Entscheidung auf Grundlage der Bewerberprofile entschieden wird. In vielen Unternehmen steht die Entscheidung für oder gegen einen Bewerber bereits vorher fest. Viele Geschäftsführungs-Positionen werden mit ehemaligen externen Beratern besetzt. In kleinen oder mittleren Unternehmen haben aber auch leitende Angestellte durchaus Chancen, bei der Vergabe einer Geschäftsführungs-Position vorab berücksichtigt zu werden (insbesondere Techniker, aber auch in Vertrieb und Marketing).

Wird Ihre innerbetriebliche Bewerbung um die Position eines Geschäftsführers von der Personalberatung bereits im Vorfeld nicht berücksichtigt – also z. B. nicht in den näheren Kreis der Bewerber eingeladen – müssen Sie u. U. davon ausgehen, dass die Auswahl bereits getroffen ist und man Sie nicht mit einer Ablehnung nach einem Auswahlverfahren konfrontieren möchte. Für die Auswahl von Führungskräften insbesondere Geschäftsführern werden im Allgemeinen die folgenden Kriterien zur Beurteilung der Leistungsfähigkeit der Bewerber herangezogen (z. B. McKinsey):

▓ Unternehmerisches Potenzial (Eigeninitiative, Durchsetzungsvermögen),

▓ Fachwissen (Branchenwissen, Ressortwissen, methodische Kompetenz),

▓ Geschäft (Ergebnisorientierung, Teamentwicklung, Projekt-Management),

---

2   vgl. dazu unter § 2 Buchstabe C ff.

- Führungsqualität (Motivieren, Vertrauen, Fördern)
- Geschäftsentwicklung (strategisches Vermögen).
- Persönliche Voraussetzungen (Sozialkompetenz, Werte, Loyalität, Integrität)

11 Auf der Ebene der Unternehmensleitung werden unterschiedliche Verfahren zur Auswahl und Bewertung von Bewerbern herangezogen. Das reicht vom zufälligen, eher intuitiven Entscheidungsablauf bis zur Auswahl im Assessment-Center (AC).

12 Nach der ersten Gesprächsrunde mit dem Personalberater/-team werden 2 bis 3 Kandidaten dem Bestellgremium vorgeschlagen. Ein bis zwei weitere Kandidaten werden als Ersatz-Kandidaten gesetzt und kommen dann zum Zuge, wenn sich das Entscheidungsgremium mit der Erst-Auswahl schwer tut. Je nach Größe des Bestell-Gremiums werden Einzelgespräche geführt oder es wird eine erste Vorstellungsrunde gemeinsam im gesamten Gremium durchgeführt.

13 Eine ausreichende und fundierte Vertrauensbasis zwischen den Beteiligten braucht Zeit, so dass man sich mehrere Gesprächsrunden lang Zeit nehmen sollte. Auch informelle Veranstaltungen dienen dazu, persönliches kennen lernen zu ermöglichen und so die Basis für eine höchst vertrauliche Zusammenarbeit legen zu können. Signalisieren Sie die Bereitschaft, sich mit allen Personen des Bestell-Gremiums auszutauschen, zu arrangieren und sich persönlich einzubringen. Versuchen Sie herauszufinden, in welcher Beziehung die Personen des Bestell-Gremiums untereinander stehen, ob es Konflikte gibt und ob es Themen gibt, die nicht angesprochen werden.

14 Kleinere und mittelgroße Familien-GmbH werden überwiegend von den Familien-Mitgliedern selbst geführt. Aber bereits beim Übergang zur ersten Generation werden oft Fremd-Geschäftsführer einbezogen (Change-Management). Vorteil: Der Senior kann in Ruhe „loslassen". Auch dann, wenn der Junior die Geschäfte noch nicht selbst vollständig übernehmen kann – sei es, weil er die notwendige Ausbildung nicht abgeschlossen hat oder weil ihm noch notwendige praktische Erfahrungen fehlen. Rund 60 % der Unternehmen, die einen Fremd-Geschäftsführer (auf Zeit) eingestellt haben, haben damit gute Erfahrungen gemacht. Nur 4 % geben an, mit dem Fremd-Geschäftsführer schlechte oder nicht so gute Erfahrungen gemacht zu haben[3]. Auf die Frage nach dem Anforderungsprofil, die der Fremd-Geschäftsführer mitbringen sollte, ergibt sich diese Prioritätenliste:

- am häufigsten genannt werden **Fachkenntnisse** und **Fachkompetenz**,
- erst an zweiter Stelle stehen die **Branchenkenntnisse**,
- als persönliche Eigenschaft ist **Sozialkompetenz** ausschlaggebend,
- aber auch ein hoher Grad an **Loyalität** und **Integrität**.

---

3 NTES-Studie „Fremd-Management in Familien-Unternehmen", Bonn 2010

Sensibelster Punkt in der Zusammenarbeit zwischen Familien-Gesellschaftern und   **15**
dem Fremd-Geschäftsführer ist die „Chemie". Für den Fremd-Geschäftsführer kommt
es ganz besonders darauf an, sich gut auf die spezifische Ausprägung und Interessenlage
der Familien-Mitglieder einstellen zu können (z. B. kulturelle Interessen, Sponsoring,
gesellschaftliches Engagement). „Passt" dieses Umfeld zur Persönlichkeit des Fremd-
Geschäftsführers stehen die Chancen für eine erfolgreiche Zusammenarbeit gut.

Wenn Sie sich für den Job des (Fremd-) Geschäftsführers in einem Familien-Unternehmensverbund
interessieren, kommt es in erster Linie auf Referenzen und aussagekräftige Zeugnisse an. Wenn Sie bisher
lediglich als Gesellschafter-Geschäftsführer im eigenen Unternehmen tätig waren und Sie deswegen
solche Empfehlungen nicht nachweisen können, sind Sie gut beraten, den Einstieg in die Fremd-Geschäfts-
führer-Position über eine renommierte Personal-Beratung zu wählen. U. U. können Sie dort auch noch
gezielte Persönlichkeitsentwicklungs-Bausteine trainieren und sich so weiter zu qualifizieren.

D.   Das Auswahlverfahren verstößt gegen die Bestimmungen des AGG

Kommt es im Auswahlverfahren um die Geschäftsführungsstelle zu Verstößen gegen   **16**
das Allgemeine Gleichbehandlungsgesetz (AGG), kann der betroffene Geschäftsführer
sich dagegen wehren. Die Möglichkeit dazu eröffnet ein neues Urteil des Bundesge-
richtshofs. Im entschiedenen Fall ging es um die Weiterbeschäftigung des medizini-
schen Geschäftsführers einer Klinik-GmbH, der mit einem zeitlich befristeten Dienstvertrag angestellt war[4]. Weil nicht er sondern ein jüngerer Kollege eingestellt wurde,
klagte er auf Verstoß gegen das AGG und Zahlung einer Entschädigung und bekam
Recht.

Neue Chancen eröffnen sich durch diese Rechtslage für Geschäftsführer bei einer erst-   **17**
maligen Bewerbung um eine Geschäftsführer-Position. Haben Sie den Eindruck, dass
die Gründe für Ihre Ablehnung in einem Verstoß gegen die allgemeinen Gleichbe-
handlungsgrundsätze liegen, haben Sie gute Chance auf eine Entschädigung zu kla-
gen[5]. Das ist immer dann der Fall, wenn Sie wegen Ihres Alters, Ihres Geschlechts,
Ihrer Herkunft oder Ihrer Religion/Weltanschauung, einer Behinderung oder wegen
sexueller Identität benachteiligt werden. Das gilt für die Einladung zum Bewerbungsgespräch und für die Auswahl nach der Bewerberrunde. Macht der neue Arbeitgeber
GmbH den Fehler, solche Gründe für die Ablehnung zu nennen und können Sie das
dokumentieren, haben Sie beste Chance auf eine Entschädigung.

---

4   BGH mit Urteil vom 23.4.2012, II ZR 163/10
5   § 15 Abs. 2 AGG

E. Was Sie über das Zielunternehmen wissen müssen

18 Bereits in den ersten Bewerbungsgesprächen erwartet man von Ihnen, dass Sie sich ausführlich über das Unternehmen informiert haben. Das betrifft Markt- und Marktentwicklung, Wettbewerber und Unternehmensdaten. Aussagekräftige Zahlen und Fakten entnehmen Sie dem Jahresabschluss (JA) oder – soweit vorhanden – dem Geschäftsbericht des Unternehmens.

19 Kapitalgesellschaften müssen einen Jahresabschluss erstellen und diesen im elektronischen Unternehmensregister veröffentlichen. Diese Daten stehen jedermann offen zur Verfügung. > http://www.unternehmensregister.de.

20 Große GmbH müssen einen Jahresabschluss (Bilanz, Gewinn- und Verlustrechnung, Anhang) und einen Lagebericht aufstellen und prüfen zu lassen. Jahresabschluss, Lagebericht, Vorschlag für sowie Beschluss über die Ergebnisverwendung und der Bestätigungsvermerk oder der Vermerk über dessen Versagung sind im Bundesanzeiger bekanntzumachen. Für die Bilanz und die Gewinn- und Verlustrechnung ist ein gesetzlich einheitliches Gliederungsschema vorgeschrieben. Für mittelgroße GmbH gelten Erleichterungen. Noch weitergehende Erleichterungen gelten für kleine GmbH.

21 Im elektronischen Unternehmensregister (www.unternehmensregister.de) kann sich jedermann detailliert über Unternehmen informieren. Sie haben damit Zugriff auf alle seit 2007 eingereichten Unterlagen, das sind: der Jahresabschluss, die Gewinn- und Verlustrechnung, der Anhang oder der Lagebericht des Unternehmens. Aus der Zeitreihen-Analyse erhalten Sie detaillierte Informationen über die Geschäftslage, über Geschäftsfelder und geplante Geschäftsausrichtungen, aber auch über Konkurrenz- bzw. Vergleichs-Unternehmen. Daneben bieten die Websites Informationen über das Unternehmen. Sie finden hier Hinweise zur Positionierung, zum Sortiment, zur Preis- und Service-Politik des Unternehmens. Auch hier finden Sie Hinweise zu Sponsoring und sozialem Engagement –Informationen, die Ihnen im Bewerbungsgespräch und im Umgang mit den Gesellschaftern nützlich sind.

§ 3 Gestaltung und Abschluss des Geschäftsführer-Anstellungsvertrages

Die Rahmenbedingungen für die Tätigkeit des Geschäftsführers ergeben sich neben den gesetzlichen Vorgaben aus den vertraglichen Vereinbarungen des Konzerns (Konzernvertrag), aus dem Gesellschaftsvertrag des Tochterunternehmens, aus – sofern vorhanden – Geschäftsordnungen und aus dem Anstellungsvertrag des Geschäftsführers. Der angehende Geschäftsführer ist gut beraten, sich vor der Unterzeichnung des Anstellungsvertrages sämtliche seine Position betreffenden Vertragswerke und vertragsähnliche Dokumente vorlegen zu lassen und diese ggf. durch einen versierten Rechtsanwalt im Hinblick auf deren Bedeutung für seine Zukünfte Tätigkeit prüfen zu lassen.

> Das betrifft z. B. die folgenden Aspekte: Vergütungsfragen (Festgehalt, Tantieme), Laufzeit des Vertrages, Kündigungsvereinbarungen, Zuständigkeiten und Verantwortlichkeiten, zustimmungspflichtige Geschäfte, Berichtspflichten, haftungsrelevante Fragen, Wettbewerbsverbote, nachvertragliche Verpflichtungen

Als Geschäftsführer ohne eigene Beteiligung an der GmbH haben Sie nur begrenzte Möglichkeiten zur Ausgestaltung Ihres Anstellungsverhältnisses. In der Regel werden die vertraglichen Modalitäten vor der Bestellung in Absprache mit Ihrem neuen Arbeitgeber festgelegt. Das erhöht die Rechtssicherheit für alle Beteiligten. Oft hilft im Zweifel bereits ein Blick in den Anstellungsvertrag und die Rechtslage ist klar, ohne dass erst kostspielig ein Anwalt hinzugezogen werden muss.

> Besprechen Sie einzelnen Vertragsklauseln, die Sie nicht beurteilen können, mit einem Rechtsberater und prüfen Sie die Klauseln anhand unserer kommentierten Musterformulierungen. Erarbeiten Sie ein Vertragsprotokoll, bestehend aus: Vertragsinhalt, Ihren Anmerkungen und Ihrem Gegenvorschlag. Besprechen Sie dieses Protokoll mit dem Vertragspartner Punkt für Punkt bevor Sie unterschreiben.

Es ist hilfreich und erleichtert den Abstimmungsprozess mit Ihrem künftigen Arbeitgeber, wenn Sie für die von Ihnen nicht akzeptierten Vertragsklauseln konkrete **Alternativ-Formulierungen** vorschlagen. Damit zwingen Sie sich selbst zu einer Konkretisierung der von Ihnen angestrebten Vertragsinhalte. Außerdem tragen Sie so dazu bei, dass ein für beide Seiten akzeptabler Vertrag schneller zustande kommt. Für Geschäftsführer gibt es eine spezielle Rechtsschutzversicherung für Rechtsstreitigkeiten, die sich auf den Geschäftsführer-Anstellungsvertrag beziehen. Alle großen Versicherer (Zum Beispiel: HDI-Gerling, Allianz) bieten diese Versicherungen an.

L. Volkelt, *Kompakt Edition: Geschäftsführer im Konzern*,
DOI 10.1007/978-3-658-03207-4_3, © Springer Fachmedien Wiesbaden 2014

Checkliste: Geschäftsführer-Anstellungsvertrag

Formvorschriften	Sie sollten vom Verbot des Selbstkontrahierens befreit sein (§ 181 BGB). Der Anstellungsvertrag muss von den Gesellschaftern (oder einem bevollmächtigtem Gesellschafter) auf der Grundlage eines wirksamen Gesellschafterbeschlusses unterschrieben sein. Änderungen oder Zusatzvereinbarungen sind nur mit Gesellschafter-Beschluss verbindlich.
Vertretung	Sind mehr als 2 Geschäftsführer vorgeschrieben, um die GmbH rechtswirksam zu vertreten, führt das regelmäßig zu Verzögerungen.
Zustimmungspflichtige Geschäfte	Bestehen Sie darauf, dass der Katalog zustimmungspflichtiger Geschäfte auf wenige, klar definierte Geschäfte beschränkt bleibt. Für Geschäfte außerhalb oder am Rande des Gegenstands der GmbH benötigen Sie ohnehin die Zustimmung der Gesellschafter.
Vertragsdauer	Legen Sie Wert auf einen unbefristeten Vertrag, der nur aus wichtigem Grund gekündigt werden kann. Können Sie das nicht durchsetzen, können Sie einen befristeten Vertrag abschließen, der die Option auf Vertragsverlängerung beinhaltet, sofern keine wichtigen Gründe einer Verlängerung entgegenstehen. Ist auch das nicht durchzusetzen, sollten Sie ausdrücklich eine längere Kündigungsfrist vereinbaren; etwa 6 Monate zum Jahresende.
Entlastung	Vereinbaren Sie ausdrücklich, dass Sie jährlich mit der Feststellung des Jahresabschlusses und dem Beschluss über die Gewinnverwendung einen Rechtsanspruch auf einen Beschluss zu Ihrer Entlastung haben.
Ressortverantwortung	Achten Sie darauf, dass Verantwortungsbereiche, Kompetenzen und Personalverantwortung als Bestandteil des Anstellungsvertrages vereinbart werden (Organigramm). Änderungen sind dann nur mit Ihrer Zustimmung möglich.

Geschäftsführer-Gehalt	Bestehen Sie darauf, dass Ihr Gehalt jährlich der Höhe nach geprüft wird, und vereinbaren Sie einen Rechtsanspruch auf Anpassung der Bezüge (Indexierung). Als Gesellschafter-Geschäftsführer(auch mit einer Mini-Beteiligung) müssen Sie die Grundbezüge an der steuerlichen Angemessenheit orientieren; d. h.: Ergeben sich während des Geschäftsjahres Änderungen, müssen Sie Ihr Gehalt prüfen (zusätzliche Geschäftsführer, deutliche Verschlechterung der wirtschaftlichen Lage).
Tantieme	Die Summe aller an die Gesellschafter-Geschäftsführer gezahlten Tantieme darf höchstens 50 % des Bilanzgewinns betragen.
Firmenwagen und Spesen	Legen Sie wert darauf, dass hierzu eine klare Regelung vereinbart wird (Art des Firmenwagens, Besteuerung, Kostenübernahme, Versicherung, Privatnutzung, nachvertragliche Regelung, Höhe und Nachweis der Spesen). Vereinbaren Sie, dass Sie beim Ausscheiden den Wagen zum Buchwert übernehmen bzw. in den Leasing-Vertrag einsteigen.
Versorgung	Zu einem Versorgungspaket gehören: Gehaltsfortzahlung, Krankentagegeld, Unfallversicherung, Pensionszusage inkl. Hinterbliebenenversorgung, und eine Riester-Rente, Abfindungsregel zum vorzeitigen Ausscheiden.
Nachvertragliche Pflichten	Für den Fall des Ausscheidens vor Erreichen der Altergrenze sollten Sie ein Wettbewerbsverbot nur gegen ausdrückliche Zahlung einer Karenzentschädigung akzeptieren. Das Wettbewerbsverbot darf Sie nicht wie ein Berufsverbot an der Ausübung Ihrer erlernten Tätigkeit behindern.

A.   Wechsel des Angestellten zum Geschäftsführer

Wer durch außergewöhnliche Leistungen auffällt, bekommt die Chance, in die Geschäftsführung eines Unternehmens aufzusteigen. Aber Vorsicht: Die neue Herausforderung ist anspruchsvoll, hat zahlreiche neue Facetten und nicht weniger viele Risiken. Nur wer gut vorbereitet ist und jederzeit das „Ganze" im Auge hat, wird auch zum erfolgreichen Geschäftsführer. In vielen Unternehmen steht die Entscheidung für oder gegen einen neuen Geschäftsführer schnell fest.

■ So lässt sich die Unternehmensleitung bereits seit Jahren extern beraten. Viele Geschäftsführungs-Positionen werden in der Praxis mit ehemaligen externen Beratern besetzt.

■ In kleinen oder mittleren Unternehmen innerhalb eines Konzern-Verbundes haben leitende Angestellte gute Chancen, bei der Vergabe einer Geschäftsführungs-Position vorab berücksichtigt zu werden (insbesondere Techniker, aber auch in Vertrieb und Marketing).

5 Für den Angestellten birgt die Chance auf eine Karriere als Geschäftsführer arbeitsrechtliche Risiken. So hat das Bundesarbeitsgericht (BAG)[1] abschießend klargestellt, dass mit Abschluss eines schriftlichen Geschäftsführer-Anstellungsvertrages ein vorausgehend bestehendes Arbeitsverhältnis endet. Soll dieses Arbeitsverhältnis nach Beendigung des Geschäftsführer-Amtes weiter bestehen, dann muss das ausdrücklich vereinbart werden.

> Besteht die Gefahr, dass der Mitarbeiter nur zum Geschäftsführer berufen wird, um ihn anschließend einfacher kündigen zu können, ist darauf zu achten, dass die Wiedereinstellungsoption als Bestandteil im schriftlichen Geschäftsführer-Anstellungsvertrages aufgenommen wird. Diese Option sollte aber auch für alle anderen Aufsteiger so vereinbart werden[2].

6 Auch auf eine andere rechtliche Besonderheit im Geschäftsführer-Anstellungsvertrag muss an dieser Stelle hingewiesen werden[3]: Enthält der Geschäftsführer-Anstellungsvertrag die Verpflichtung, dass dem Geschäftsführer nach einer eventuellen Abberufung eine andere Funktion zugewiesen werden kann, bedeutet das: Er ist weiterhin für die Laufzeit des Vertrages an den Arbeitgeber gebunden. Ist ein nachvertragliches Wettbewerbsverbot vereinbart, beginnt das erst mit endgültigem Ablauf des Vertrages.

❯ Beispiel:

Der Anstellungsvertrag endet zum 31.12.2012. Anschließend greift ein 2-jähriges nachvertragliches Wettbewerbsverbot. 2011 wird der GF abberufen und auf Grund des Anstellungsvertrages als Leiter einer Zweigniederlassung eingesetzt. Der Vertrag endet fristgemäß zum 31.12.2012 – das nachvertragliche Wettbewerbsverbot gilt dann noch bis zum 31.12.2014. Damit sind Sie „aus dem Verkehr gezogen" und können sich rechtlich nicht einmal dagegen wehren.

Zwar gibt eine solche Weiterbeschäftigungsklausel eine gewisse finanzielle Sicherheit für die 2 Jahre nach dem Ausscheiden – aber eine solche Klausel sollte aus dem Vertrag herausgenommen werden, eventuell auch nachträglich im beiderseitigen Einvernehmen.

---

1   BAG, Beschluss vom 3.2.2009, 5 AZB 100/08
2   Formulierung für den Anstellungsvertrag siehe unter § 3 Buchstabe H
3   RA Christoph Bergwitz in GmbH-Rundschau 2006, Seite 1129 ff

B. Bestellung zum Allein-Geschäftsführer

Wird nur **ein** Geschäftsführer bestellt, so vertritt dieser die GmbH regelmäßig alleine im Außenverhältnis, also gegenüber Gläubigern, Kunden, Ämtern und Behörden gerichtlich und außergerichtlich[4].   7

Unzulässig ist, die Vertretungsbefugnis des einzigen Geschäftsführers durch Gesellschaftsvertrag oder Weisungen einzuschränken. Nur im **Innenverhältnis** wirken weitergehende Beschränkungen der Vertretungsmacht, etwa im Hinblick auf bestimmte Rechtsgeschäfte (z. B. Miet- und Pachtverträge) oder betragsmäßige Beschränkungen (z. B. bis 50.000 €). Im **Außenverhältnis** gelten solche Geschäfte als wirksam. Die GmbH kann daraus resultierende **Schadensersatzforderungen** gegen den Geschäftsführer geltend machen, der interne Beschränkungen verletzt.   8

> Prüfen Sie vor Abschluss des Geschäftsführer-Anstellungsvertrages, welche Art der Vertretungsbefugnis im Gesellschaftsvertrag besteht und welche Regelung im Anstellungsvertrag vorgesehen ist. Sind im Innenverhältnis Einschränkungen zu beachten, müssen Sie sich daran genau halten, selbst wenn einzelne Gesellschafter anders lautende Anweisungen geben. Nur wenn die Weisung auf der Grundlage eines Gesellschafterbeschlusses ergeht, können Sie handeln, ohne befürchten zu müssen, dass Sie zur Haftung herangezogen werden.

Die Änderung der Vertretungsbefugnis ist eine Änderung des Gesellschaftsvertrages und mit der dafür erforderlichen Mehrheit (einfache Mehrheit) zu beschließen. Enthält der Gesellschaftsvertrag eine Ermächtigung, wonach ein Gesellschafter dem oder den Geschäftsführer(n) Alleinvertretungsbefugnis erteilen kann, ist keine Änderung des Gesellschaftsvertrages erforderlich. Eine Änderung der Vertretung muss im Handelsregister bekannt gemacht werden. Die Vertretungsbefugnis kann nicht durch den/die Gesellschafter per Vollmacht auf Dritte übertragen werden.   9

> Ist die Vertretungsbefugnis Bestandteil des Anstellungsvertrages, ist eine Änderung der Vertretungsbefugnis nur als Änderungskündigung – also nur mit Ihrer Zustimmung – durchsetzbar. Überzeugen Sie die Gesellschafter davon, dass Sie es aus Gründen der Rechtssicherheit für wichtig halten, die Vertretungsbefugnis in den Anstellungsvertrag aufzunehmen. Im Konfliktfall haben Sie damit die rechtlich besseren Karten – bei einer Kündigung/-sandrohung und beim Verhandeln um eine höhere Abfindung.

---

4   § 35 Abs. 1 GmbHG

C. Bestellung zum ressortverantwortlichen Geschäftsführer

10 Sind mehrere Geschäftsführer bestellt, müssen diese zusammen handeln – sie handeln in Gesamtvertretung[5], sofern nicht bestimmt wurde, dass eine Erklärung und Zeichnung durch sämtliche Geschäftsführer nicht erforderlich ist. Das betrifft alle Erklärungen der GmbH nach außen bzw. an Dritte (Aktivvertretung). Umgekehrt genügt die Erklärung eines Dritten (Geschäftspartner, Gericht) an einen Geschäftsführer, um Willenserklärungen gegenüber einer GmbH wirksam auszusprechen (Passivvertretung).

11 Im Gesellschaftsvertrag können davon abweichende Regelungen vereinbart werden. Das ist sinnvoll, um die Handlungsfähigkeit der GmbH zu erhöhen bzw. schnelles Reagieren zu ermöglichen. Üblich und in der Praxis hilfreich sind:

- Bei drei Geschäftsführern müssen jeweils zwei gemeinsam zeichnen/handeln
- Bei zwei und mehr Geschäftsführern kann jeweils einer zusammen mit einem Prokuristen handeln (unechte Gesamtvertretung)
- Möglich ist auch: Ein Geschäftsführer hat Einzelvertretungsbefugnis, die anderen vertreten jeweils zu zweit.

D. Sondervereinbarung zum Kündigungsschutz

12 Für den GmbH-Geschäftsführer gibt es keinen gesetzlichen Kündigungsschutz – so der Bundesgerichtshof (BGH) in seiner laufenden Rechtsprechung zur arbeitsrechtlichen Stellung des GmbH-Geschäftsführers. Das gilt in der Regel auch für den Fremd-Geschäftsführer ohne Beteiligung an der GmbH. Auch für ihn ist kein besonderer Kündigungsschutz vorgesehen.

13 Laut neuester Bundesgerichtshof-Rechtsprechung kann der Geschäftsführer einer GmbH mit seinem Arbeitgeber vereinbaren, dass die Vorschriften des Kündigungsschutzgesetzes für den Dienstvertrag gelten. Vorteil für den Geschäftsführer: Die langen gesetzlichen Kündigungsfristen müssen eingehalten werden, u. U. besteht Anspruch auf eine Abfindungszahlung[6].

> Bisher gingen die Gerichte davon aus, dass der Kündigungsschutz für den Geschäftsführer vertraglich **nicht** vereinbart werden kann[7]. Mit der neuen BGH-Rechtsprechung bieten sich aber jetzt bessere

---

5 § 35 Abs. 2 Satz 2 GmbHG
6 BGH, Urteil vom 10.5.2010, II ZR 70/09
7 z. B. OLG Frankfurt, Urteil vom 24.2.2009, 5 U 193/07

Schutzmöglichkeiten für Arbeitnehmer, die aus einer leitenden Stellung zum Geschäftsführer berufen werden oder auch für Geschäftsführer in Konzern-Tochtergesellschaften. Hier kann nun im Vertragspoker mit dem Arbeitgeber ausdrücklich auch ein Kündigungsschutz verhandelt werden – wer den durchsetzt, ist gut abgesichert.

Für Streitigkeiten aus dem Geschäftsführer-Anstellungsvertrag ist in der Regel das **14** Landgericht zuständig. Aber es gibt Ausnahmen: Ist der Geschäftsführer ganz streng weisungsgebunden, kann das Arbeitsgericht zuständig sein. Z. B. der Fremd-Geschäftsführer einer Tochtergesellschaft, die de facto keine eigenen Geschäfte führt, sondern lediglich Aufträge der Zentrale abarbeitet (Vertriebs-GmbH). Vorteil für den Geschäftsführer: Die Arbeitsgerichte urteilen tendenziell „arbeitnehmerfreundlich" – also zugunsten des klagenden Geschäftsführers.

Das Bundesarbeitsgericht hat einen weiteren Ausnahmetatbestand entschieden, der es **15** dem Geschäftsführer erlaubt, im Konfliktfall das Arbeitsgericht anzurufen. Und zwar ist das immer dann möglich, wenn statt des üblichen Geschäftsführer-Anstellungsvertrags eine arbeitsvertragsähnliche Vereinbarung abgeschlossen wird. Im Klartext: Werden dem Geschäftsführer im Vertrag Arbeitnehmeraufgaben zugewiesen, spricht das für eine Zuständigkeit des Arbeitsgerichts[8].

Ist das Arbeitsgericht zuständig, hat das für den Geschäftsführer u. U. weit reichen- **16** de Vorteile: So ist zu prüfen, ob ein Anschlussarbeitsverhältnis vorliegt, ob überhaupt gekündigt werden kann und welche Frist für die Kündigung gilt. Kommt es nicht zu einer Einigung, wird das „Arbeitsverhältnis" meistens unter Zahlung einer (guten) Abfindung beendet.

Wird z. B. der leitende Angestellte zum Geschäftsführer berufen und im Wesentlichen der bestehende Arbeitsvertrag übernommen (außer: Gehalt), dürfte das ausreichen, um die Rechte aus dem Arbeitsvertrag auch gerichtlich – also vor dem Arbeitsgericht – durchzusetzen. Nach diesem Urteil können Sie davon ausgehen, dass die Gerichte nicht mehr pauschal entscheiden: Geschäftsführer = Landgericht, sondern dass sich das Gericht erst einmal den Anstellungs- bzw. Arbeitsvertrag genauer anschauen wird.

E.   Das Gehalt des Geschäftsführers im Konzern

Der Geschäftsführer ist Angestellter der GmbH. Die Parteien können Höhe und Art **17** der Vergütung bzw. der einzelnen Vergütungsbestandteile frei bestimmen. Für den Geschäftsführer einer GmbH ohne eigene Beteiligung an der GmbH (Fremd-Geschäftsführer) gibt es keine gesetzlichen Vorschriften oder andere Einschränkungen (Tarif), die Mindest- oder Höchstgrenzen bestimmen.

---

8   BAG, Urteil vom 26.10.2012, 10 AZB 60/12

18   In der Regel gelten im Konzern einheitliche Regeln zur Bestimmung der Gehälter. In der Praxis sind dies aber keine starren Vorgaben. Darin werden lediglich die Rahmenbedingungen festgelegt, die in den Vertragsverhandlungen mit dem Geschäftsführer verhandelt und vereinbart werden. Dabei hat jeder Konzern je nach Branchenausrichtung seine eigenen Schwerpunkte, z. B. bei starker Vertriebsorientierung oder je nach Wettbewerbssituation des Unternehmensverbundes im globalen Markt. Solche Rahmenvorgaben regeln z. B.

▨   die Höhe des Geschäftsführer-Gehaltes in Relation zum durchschnittlich im Unternehmensverbund gezahlten Gehalt (z. B. höchstens das 20-fache des durchschnittlichen Gehalts, beträgt das Durchschnittsgehalt 25.000 €, erhält der Geschäftsführer max. 500.000 €).

▨   Vorgaben zur Relation von Festbezügen und erfolgsbezogenen Vergütungsbestandteilen (z. B. 75 zu 25 %).

▨   die im Konzern gewährten Zusatzleistungen (Altersversorgung, Risikoversorgung, Abfindungen).

19   In welche Höhe das Gehalt zwischen dem Geschäftsführer und der Konzerleitung tatsächlich ausgehandelt wird, hängt auch vom Vor-Verdienst des Geschäftsführers und der gesamten wettbewerblichen Situation ab. Wie viel zahlen Konkurrenzunternehmen? Wie gut kann sich der potenzielle Geschäftsführer „verkaufen"? Neben diesen Vorgaben bestimmt sich das Gehalt des Geschäftsführers nach objektiven Kriterien.

20   Wie hoch die Vergütung für den Geschäftsführer im Einzelfall ist, hängt danach von einer Vielzahl von Faktoren ab, und zwar

▨   von der **Unternehmensgröße**, gemessen am Umsatz, der Bilanzsumme oder der Mitarbeiterzahl. Dies ist die wichtigste Größe, denn mit der Größe des Unternehmens steigen die Anforderungen an den Geschäftsführer und damit seine Verantwortlichkeit.

▨   die **Branche**, in der die GmbH tätig ist. Branchen mit hohem technologischen Standard und entsprechend guten Ertragsaussichten zahlen tendenziell höhere Gehälter.

▨   der **Ertragslage** der GmbH. Eine überdurchschnittliche Ertragslage schlägt sich selbstverständlich auch im Gehaltsanspruch des Geschäftsführers nieder.

▨   der **gesellschaftsrechtlichen Stellung** des Geschäftsführers als Unternehmer, der zugleich Besitzer des Unternehmens ist. Das Gehalt eines Fremdgeschäftsführers liegt regelmäßig unter dem eines vergleichbaren Gesellschafter-Geschäftsführers, dieses wiederum unter dem eines Gesellschafter-Geschäftsführers mit beherrschendem Einfluss (mehr als 50 % der Anteile).

▨   der Größe und der **Stellung des Geschäftsführers** innerhalb des Geschäftsführergremiums. Entsprechend sind die Bezüge eines Alleingeschäftsführers, der

Entscheidungen für alle Bereiche der GmbH trifft, zumeist höher als die eines Geschäftsführers, der nur ein bestimmtes Ressort, z. B. den kaufmännischen oder technischen Bereich, Personal oder Vertrieb, betreut.

▨ und Faktoren in der Person des Geschäftsführers. Das betrifft Ausbildung und Alter und auch Dauer und Erfahrung in der Geschäftsführungstätigkeit.

Zum Vergleich von Geschäftsführer-Gehältern wird in der Regel die **Gesamtvergütung** herangezogen. Das ist die geldwerte Summe aller dem Geschäftsführer zugesagten Leistungen. Das sind: 21 **3**

▨ Jahresfestgehalt (monatliches Festgehalt)

▨ erfolgsabhängige Bezüge (Tantieme, Prämien)

▨ Zusatz- und Sozialleistungen (Weihnachtsgeld, Urlaubsgeld, Zuwendungen usw.)

▨ Pkw-Überlassung

▨ Sonstige Nebenleistungen (Leistungen zur Alters- und Gesundheitsvorsorge, wie z. B. Pensionszusagen, Direktversicherungen, Unfallversicherungen, Gehaltsfortzahlungen im Krankheits- oder Todesfall, Invaliditäts- und Hinterbliebenenrenten, Beihilfen zur privaten Krankenversicherung bzw. Zahlung der Arbeitgeberanteile zur Sozialversicherung bei nicht versicherungspflichtigen Geschäftsführern)

▨ Übernahme von Aufwendungen für Weiterbildung, Telefonate, Steuerberatung, Berufsverbände, Fahrten zwischen Wohnung und Arbeitsstätte

▨ sonstige Sozialleistungen wie Heirats- oder Geburtsbeihilfen

▨ Abfindungen für den Fall Ihres Ausscheidens und

▨ Entschädigungen für ein Wettbewerbsverbot

Als Orientierungshilfe für das Gehaltsgespräch können die offiziellen Gehaltstabellen der Finanzbehörden zugrunde gelegt werden. Danach bemessen die Finanzbehörden das „angemessene" Gehalt eines Gesellschafter-Geschäftsführers – also des Geschäftsführers, der an der GmbH beteiligt ist. Dabei handelt es sich um mittlere durchschnittliche Branchenwerte, die je nach Einzelfall abweichen können, z. B. in Branchen mit außergewöhnlicher Ertragslage oder bei außergewöhnlichem Einsatz und Leistungsbereitschaft der Person des Geschäftsführers.   22

Der Fremd-Geschäftsführer muss von den unten stehenden Zahlen einen Abschlag von ca. 10 % hinnehmen – das ist der Unterschied, der sich zwischen der Bezahlung von Fremd-Geschäftsführern und angestellten Geschäftsführern ohne Beteiligung an der GmbH eingependelt hat. Dagegen kann er jährlich mit einem Aufschlag um 3 % rechnen.   23

24 **Die offiziellen Vergleichszahlen zur Angemessenheit von GmbH-Geschäftsführer-Gehältern**[9]

Branche	Umsatz bis 2,5 Mio. € und bis zu 20 Mitarbeitern	Umsatz von 2,5 bis 5,0 Mio. € und 20 bis 50 Mitarbeiter	Umsatz von 5 bis 25 Mio. € und 51 bis 100 Mitarbeiter	Umsatz von 25 bis 50 Mio. € und 101 bis 500 Mitarbeiter
Industrie	140.000 bis 180.000 €	180.000 bis 230.000 €	230.000 bis 260.000 €	280.000 bis 440.000 €
Großhandel	160.000 bis 200.000 €	170.000 bis 240.000 €	200.000 bis 260.000 €	260.000 bis 450.000 €
Einzelhandel	120.000 bis 150.000 €	130.000 bis 180.000 €	180.000 bis 210.000 €	210.000 bis 440.000 €
Freie Berufe	160.000 bis 230.000 €	230.000 bis 270.000 €	270.000 bis 320.000 €	280.000 bis 480.000 €
Sonstige Dienstleistung	140.000 bis 180.000 €	190.000 bis 230.000 €	210.000 bis 270.000 €	240.000 bis 460.000 €
Handwerk	100.000 bis 150.000 €	140.000 bis 190.000 €	180.000 bis 240.000 €	200.000 bis 360.000 €

25 Statistisch zuverlässiges Zahlenmaterial zur Geschäftsführer-Vergütung, das auch zur gutachterlichen Beurteilung herangezogen gibt es bei: **BBE-Studie Geschäftsführer-Vergütung 2012**, BBE Media GmbH & Co. KG, Am Hammergraben 14, 56567 Neuwied, 295,00 EUR, Bestellung über http://www.bbe-media.de

26 Ohne besondere Regelung im Anstellungsvertrag hat der Geschäftsführer keinen Anspruch auf Gehaltserhöhung. Eine Ausnahme gilt aber u. U. für den Fremd-Geschäftsführer oder den nur unwesentlich an der GmbH beteiligten Geschäftsführer (bis 25 %). Erhalten alle Mitarbeiter höheres Gehalt, kann der Fremd-Geschäftsführer einen Anspruch auf Anpassung durchsetzen[10].

---

9   OFD Karlsruhe vom 4.3.2009, S 2742/84 – St 221 Karlsruher Tab. (2009)
10   so z. B. BGH, Urteil vom 14.5.1990, II ZR 122/89

F.   So machen Sie Ihren Anstellungsvertrag „kündigungsfest"

Bei Abschluss des Geschäftsführer-Anstellungsvertrages sind Sie gut beraten, nicht   27
nur auf die für Sie neuen und großzügigen Vertragskonditionen zu achten. Genauso
wichtig ist es, die Klauseln genau zu prüfen, welche Konditionen für den Fall Ihrer Abberufung bzw. der Beendigung des Anstellungsvertrages festgeschrieben sind.

Diese Vorgaben sind verbindlich und sind in einem späteren Konfliktfall in der Regel   28
nicht verhandelbar. Die meisten Klauseln der von den Konzern-Unternehmen verwendeten Standard-Verträge sind auf die Bedürfnisse des Konzern-Unternehmens
ausgerichtet – hier ist wichtig, dass für das Unternehmen keine ungeplanten Folgekosten entstehen. Sofern Sie sich über die Tragweite einzelner Klauseln nicht im Klaren
sind, sollten Sie sich unbedingt versierten anwaltlichen Rat einholen.

Aber auch schon vor Unterzeichnung des Vertrages sind Sie gut beraten, über die aus   29
Ihrer Sicht nicht akzeptablen und von Ihnen gewünschten Regelungen zu verhandeln.
Auch hier gilt: Am besten können Sie Einfluss auf die Ausgestaltung des Vertrages
nehmen, wenn Sie konkrete Formulierungen vorschlagen, die in den übrigen Vertrag
aufgenommen werden.

In der Checkliste unten haben wir die wichtigsten und üblichen Regelungsinhalte zur   30
Beendigung des Geschäftsführer-Anstellungsvertrages zusammengestellt. In den anschließenden Musterformulierungen finden Sie Anregungen zur für Sie optimalen Gestaltung der Vertragsvereinbarungen.

Checkliste: Der „kündigungsfeste" Anstellungsvertrag

Vereinbarung zu ...	Zulässige und mögliche Ausgestaltung ...
Ordentliche Kündigung	Die Abberufung führt nicht automatisch zur Kündigung des Anstellungsvertrages. Dieser muss gesondert gekündigt werden.
	Vereinbarung von „langen" Kündigungsfristen (6, 12 Monaten und nur zum Jahresende); Vereinbaren des gesetzlichen Kündigungsschutzes für Arbeitnehmer; Verlängerung der Frist mit zunehmender Tätigkeitsdauer.
Außerordentliche Kündigung	Es wird vereinbart, dass der Anstellungsvertrag nur aus wichtigem Grund gekündigt werden kann. Die wichtigen Gründe werden im Anstellungsvertrag vollständig aufgelistet.

Vereinbarung zu …	Zulässige und mögliche Ausgestaltung …
Anspruch auf Freistellung	Nach einer Abberufung hat der Geschäftsführer Anspruch auf sofortige Freistellung unter Fortführung sämtlicher im Anstellungsvertrag vereinbarten Leistungen (Bezüge, Tantieme, Firmenwagen) und zwar bis zur vertraglichen Beendigung des Anstellungsvertrags (gemäß ordentlicher Kündigung) bzw. zum vereinbarten Vertragsende.
Abfindung	Üblich ist eine Abfindung gestaffelt nach Tätigkeitsjahren. Achtung: Vereinbaren Sie – sofern eine ordentliche Kündigung gemäß gesetzlicher Fristen möglich ist – eine „Mindest-Abfindung", z. B. in Höhe von 5 Tätigkeitsjahren. Geschäftsführer und GmbH können vereinbaren, wann die Abfindung gezahlt wird (z. B. erst im Folgejahr, um die Steuerprogression im Folgejahr zu nutzen).
Nachvertragliches Wettbewerbsverbot	Der GmbH sollte nicht einseitig das Recht zum (jederzeitigen) Rücktritt vom Wettbewerbsverbot eingeräumt werden. Kommt das Wettbewerbsverbot einem „Berufsverbot" gleich, kann das relativ leicht juristisch ausgehebelt werden.
Sonstige Ausscheidensregelungen	Klausel zur Übernahme des Firmenwagens zum Buchwert; Sicherung der anteiligen Tantieme bei der Kündigung während des Geschäftsjahres; Vereinbarung eines Rückbehaltungsrechts für Geschäftsunterlagen im Falle einer rechtlichen Auseinandersetzung mit der GmbH; Vereinbarung zur Zuständigkeit des Arbeitsgerichtes für rechtliche Streitigkeiten zwischen dem Geschäftsführer und der GmbH (möglich für Fremd-Geschäftsführer oder Geschäftsführer mit einer geringen Beteiligung an der GmbH); Abfindung eines ausstehenden Urlaubsanspruchs gegen anteiliges Gehalt.; Vereinbarung zur Weiterbeschäftigung im Unternehmen in einer leitenden Funktion.

G.   Vertragsmuster

§ 1 Aufgaben und Tätigkeitsbereich

1. Der Geschäftsführer ist einzelvertretungsberechtigt und von den Beschränkungen des § 181 BGB befreit, auch wenn weitere Geschäftsführer bestellt werden.

2. Dem Geschäftsführer ist bekannt, dass ein weiterer/weitere Geschäftsführer bestellt ist/sind. Die Verteilung der Aufgaben zwischen den Geschäftsführern wird von der Gesellschafterversammlung beschlossen oder im Rahmen einer Geschäftsordnung geregelt.

3. Der Geschäftsführer ist in der Gestaltung seiner Arbeitszeit frei.

4. Der Geschäftsführer führt die Geschäfte nach Maßgabe der Gesetze, des Gesellschaftsvertrages, einer Geschäftsordnung für die Geschäftsführung und nach den schriftlichen Weisungen der Gesellschafterversammlung.

5. Zu allen Geschäften, die über den gewöhnlichen Geschäftsbetrieb hinausgehen, muss die vorherige Zustimmung der Gesellschafterversammlung eingeholt werden.

6. Dienstsitz ist (Ort).

§ 2 Entlastung

1. Die Gesellschaft ist verpflichtet, durch die Gesellschafterversammlung jährlich, spätestens zum Zeitpunkt der Feststellung des Jahresabschlusses, einen Beschluss über eine Entlastung des Geschäftsführers für die vorangegangene Tätigkeit zu fassen.

§ 3 Wettbewerb und Nebentätigkeit

1. Der Geschäftsführer verpflichtet sich, seine ganze Arbeitskraft, seine fachlichen Kenntnisse und Erfahrungen ausschließlich der Gesellschaft zur Verfügung zu stellen.

    1. Alternativ: Der Geschäftsführer wird bei der Gesellschaft nebenberuflich tätig. Ihm ist gestattet, sein Einzelunternehmen im bisherigen Umfang auszuüben. Darüber hinaus ist dem Geschäftsführer die Tätigkeit als Geschäftsführer in der (Firma) gestattet. Die Befreiung vom Wettbewerbsverbot ist unentgeltlich, da der Geschäftsführer diese Tätigkeiten bereits vor Begründung des Anstellungsvertrages mit der Gesellschaft ausgeübt hat.

2. Die Aufnahme einer Nebentätigkeit, die Beteiligung an anderen Unternehmen und die Mitgliedschaft in Organen fremder Gesellschaften bedürfen der vorherigen Zustimmung der Gesellschafterversammlung.

3. Der Geschäftsführer verpflichtet sich, für die Dauer von zwei Jahren nach Beendigung des Anstellungsvertrages nicht in Wettbewerb zur Gesellschaft zu treten. Und

zwar weder durch entgeltliche oder unentgeltliche Tätigkeit noch durch Errichtung oder Erwerb eines derartigen Unternehmens oder durch mittelbare und unmittelbare Beteiligung an einem derartigen Unternehmen, es sei denn im Rahmen des an der Börse notierten Aktienhandels der privaten Vermögensvorsorge. Das Wettbewerbsverbot erstreckt sich auf das Gebiet der Bundesrepublik Deutschland. Für die Dauer des nachvertraglichen Wettbewerbsverbotes verpflichtet sich die Gesellschaft, dem Geschäftsführer eine Entschädigung in Höhe von 50 % der zuletzt durchschnittlichen bezogenen monatlichen Vergütung zu zahlen. Die Entschädigung ist zum Ende eines Kalendermonates fällig. Auf diese Entschädigung sind Einkünfte anzurechnen, welche der Geschäftsführer während der Dauer des nachvertraglichen Wettbewerbsverbotes aus jeder Erwerbstätigkeit erzielt oder zu erzielen unterlässt. Der Geschäftsführer ist verpflichtet, auf Verlangen der Gesellschaft entsprechende Auskunft über die Höhe seiner Einkünfte zu erteilen. In jedem Fall der Zuwiderhandlung gegen das Wettbewerbsverbot hat der Geschäftsführer eine Vertragsstrafe in Höhe von 5.000 € zu zahlen. Zugleich entfällt für den entsprechenden Monat des Verstoßes die Verpflichtung zur Zahlung der Entschädigung durch die Gesellschaft. Etwaige Schadensersatzansprüche der Gesellschaft bleiben unberührt wie auch der Anspruch auf Unterlassung.

§ 4 Vertragsdauer und Beendigung

1. Der Vertrag beginnt am (Datum) und wird auf unbestimmte Zeit abgeschlossen.

2. Der Vertrag kann von jeder Partei mit einer Frist von sechs Monaten zum Ende eines Kalenderjahres gekündigt werden.

3. Das Vertragsverhältnis endet, ohne dass es einer gesonderten Kündigung bedarf, mit dem Ablauf des Monates, in dem der Geschäftsführer das 65./66./67. Lebensjahr vollendet.

4. Die Kündigung hat schriftlich zu erfolgen.

5. Im Falle der Kündigung des Vertrages durch die Gesellschaft, gleich ob im Wege der ordentlichen oder außerordentlichen Kündigung, sowie im Falle der Kündigung des Vertrages durch den Geschäftsführer aus wichtigem Grund, ist die Gesellschaft verpflichtet, an den Geschäftsführer eine Abfindung in Höhe von 1/8 (1/12) der Gesamtbezüge des Vorjahres für jedes Jahr der Zugehörigkeit des Geschäftsführers zur Gesellschaft zu zahlen, wobei frühere Dienstverhältnisse mit der Gesellschaft im Anstellungsverhältnis mitgerechnet werden und angefangene Jahre als volle Jahre berechnet werden.

6. Ansprüche aus dem Beschäftigungsverhältnis und dem Organverhältnis sind von den Vertragsparteien innerhalb von sechs Monaten nach Fälligkeit bzw. im Falle der Beendigung des Dienstverhältnisses innerhalb von drei Monaten schriftlich geltend zu machen. Geschieht dies nicht, erlöschen solche Ansprüche. Das gilt auch, wenn nach erfolgloser Geltendmachung eine gerichtliche Durchsetzung binnen zwei Monaten unterbleibt.

§ 5 Bezüge

1. Der Geschäftsführer erhält als Vergütung für seine Tätigkeit ein Jahresgehalt von € (Betrag) brutto.

2. Die Bezüge werden in zwölf gleichen Teilbeträgen zum Ende eines jeden Kalendermonats ausgezahlt.

3. Der Geschäftsführer erhält neben seinen Festbezügen eine Tantieme in Höhe von (Zahl) % des laut Steuerbilanz nach Verrechnung mit Verlustvorträgen und vor Abzug der Körperschaft- und Gewerbesteuer Gewinns. Die Tantieme ist einen Monat nach Feststellung des Jahresabschlusses durch die Gesellschafterversammlung fällig. Nachträgliche Änderungen der Bilanz, insbesondere aufgrund abweichender steuerlicher Veranlagung, sind bei deren Bestandskraft zu berücksichtigen. Zuviel gezahlte Beträge hat der Geschäftsführer zu erstatten.

4. Die Bezüge des Geschäftsführers werden von der Gesellschafterversammlung im Abstand von zwei Jahren auf Angemessenheit und Vergleichbarkeit mit den Bezügen von Geschäftsführern anderer Unternehmen überprüft.

§ 6 Versorgungszusage

1. Zum Zwecke der Altersvorsorge erhält der Geschäftsführer bei Ausscheiden aus den Diensten der Gesellschaft nach Vollendung des 66./67. Lebensjahres oder in Folge Berufsunfähigkeit im Sinne des § 43 SGB VI nach fünfjähriger Dienstzeit ein lebenslängliches monatliches Ruhegeld. Die Höhe der monatlichen Bezüge richtet sich nach den anrechnungsfähigen Ruhegeldbezügen und der anrechnungsfähigen Dienstzeit.

2. Anrechnungsfähige Ruhegeldbezüge sind die in den letzten sechs Monaten vor dem Ausscheiden des Geschäftsführers bezogenen Monatsgehälter nach § 5 Abs. 2 dieses Vertrages.

3. Als anrechnungsfähige Dienstzeit gilt die Zeit, die der Geschäftsführer bis zum vollendeten 66./67. Lebensjahr ununterbrochen in den Diensten der GmbH steht. Der Geschäftsführer erhält mit dem ersten abgeleisteten Dienstjahr Anspruch auf 2,5 % der anrechnungsfähigen Ruhegeldbezüge, für jedes weitere Jahr wird eine jährliche Steigerung in Höhe von 2,5 % gewährt, höchstens jedoch 75 % der ruhegeldfähigen Bezüge.

4. Im Falle der Berufsunfähigkeit wird ein einmaliger Aufschlag um 25 % gewährt; höchstens jedoch insgesamt 75 % der ruhegeldfähigen Bezüge.

5. Die GmbH verpflichtet sich, die Ruhegeldzusage entsprechend den steuerlichen Vorschriften mittels einer Rückdeckungsversicherung zu decken. Die Rechte aus diesem Vertrag stehen ausschließlich der GmbH zu. Der Geschäftsführer ist verpflichtet, für den Abschluss des Versicherungsvertrages notwendigen Angaben zu machen, insbesondere sich einer ärztlichen Untersuchung zu unterziehen.

Achtung: Nur für Fremd-Geschäftsführer ohne eigene Beteiligung an der GmbH.

6. Scheidet der Geschäftsführer vor Vollendung des 65./66./67. Lebensjahres, aber erst nach Vollendung des 63./64./65. Lebensjahres aus den Diensten der GmbH aus, erhält er eine lebenslängliches Ruhegeld, wenn er nachweist, dass er ab Beendigung des Dienstverhältnisses ein Altersruhegeld aus der gesetzlichen Rentenversicherung bezieht.

7. Im Falle des Todes des Geschäftsführers erhält seine Witwe bzw. seine mit ihm in eheähnlicher Gemeinschaft lebende, testamentarisch bedachte Lebensgefährtin eine Witwenrente in Höhe von 60 % des Ruhegeldes, das der Geschäftsführer im Zeitpunkt des Todes erhalten hätte. Die Witwenrente erlischt mit Ablauf des Monats, in dem die Witwe stirbt.

8. Leibliche Kinder und eheliche Kinder des Geschäftsführers erhalten nach dem Tod des Geschäftsführers eine Waisenrente in Höhe von 10 % des Ruhegeldes. Die Waisenrente wird bis zum vollendeten 18. Lebensjahr gezahlt.

9. Scheidet der Geschäftsführer vor Eintritt des Versorgungsfalles aus den Diensten der GmbH aus und hat zu diesem Zeitpunkt die Versorgungszusage mindestens 10 Jahre bestanden, erhält der Geschäftsführer eine Abfindung in Höhe des Rückstellungsbetrages in der Schlussbilanz, die seinem Ausscheiden vorhergeht oder mit seinem Ausscheiden zusammenfällt. Besteht eine Rückdeckungsversicherung, so besteht die Abfindung in der Übertragung der Ansprüche aus der Rückdeckungsversicherung auf den Geschäftsführer

10. Die Ruhegeldansprüche können ohne vorherige Einwilligung durch die Gesellschaft weder abgetreten noch verpfändet werden.

11. Die Gesellschaft ist berechtigt, im Fall schwerwiegender Vergehen des Geschäftsführers die Ruhegeldzusage zu widerrufen.

12. Die Gesellschaft behält sich Kürzungen der Ruhegeldzusage vor, wenn sich die betrieblichen Verhältnisse nachhaltig so verschlechtern, dass eine Erfüllung der Ruhegeldzusage zu einer objektiven Belastung der Gesellschaft führen, die dieser nicht mehr zugemutet werden kann. Die Gesellschaft ist in diesem Fall verpflichtet, die dafür maßgebenden Umstände zu belegen.

13. Die laufenden Rentenzahlungen erhöhen sich alljährlich mit Wirkung vom 1. Januar um 3 % der Vorjahresrente.

14. Die Ruhegelder werden jeweils bis zum dritten Werktag eines jeden Monats ausgezahlt.

§ 7 Gehaltsfortzahlung

1. Ist der Geschäftsführer an der Ausübung seiner Dienste durch Krankheit oder durch andere unverschuldete Umstände verhindert, so behält er den Anspruch auf seine Bezüge gemäß § 5 Abs. 1 für die Dauer von sechs Wochen nach Eintritt des Verhinderungsfalles.

2. Nach Ablauf von sechs Wochen zahlt die Gesellschaft einen Krankengeldzuschuss für längstens zwölf Monate. Der Krankengeldzuschuss soll die Differenz zwischen Krankengeld und dem monatlichen Nettogehalt ausgleichen. Die Gesellschaft behält sich die Anrechnung von Ersatzansprüchen des Geschäftsführers gegenüber Dritten vor. Die Lohn- und gegebenenfalls Kirchensteuer auf die Differenzzahlung trägt die Gesellschaft.

3. Besteht kein Anspruch auf Krankengeld, wird als Krankengeld im Sinne dieses Vertrages der Betrag zugrunde gelegt, den der Geschäftsführer durch eine seinem Einkommen gemäße Versicherung bei der zuständigen Ortskrankenkasse erhalten hätte. Beim Tod des Geschäftsführers wird den Hinterbliebenen, denen er zu Lebzeiten aufgrund gesetzlicher Unterhaltspflicht Unterhalt geleistet hat, neben dem Gehalt für den Sterbemonat Sterbegeld in Höhe des Gehaltes für drei weitere Monate gezahlt. Die Gesellschaft ist berechtigt, diese Zahlung mit befreiender Wirkung für und gegen alle Hinterbliebenen an denjenigen zu leisten, der seine Hinterbliebeneneigenschaft gemäß Satz 1 glaubhaft gemacht hat. Sind unterhaltsberechtigte Hinterbliebene nicht vorhanden, so werden lediglich die bis zum Todestag fällig gewordenen Gehaltsbezüge an die Erben des Verstorbenen ausgezahlt.

§ 8 Urlaub

1. Dem Geschäftsführer steht jährlich ein Erholungsurlaub in Höhe von 30 Werktagen in der Fünf-Tage-Woche zu. Der Urlaub ist bis zum 31.03. des folgenden Jahres zu nehmen. Kann der Urlaub in einem Kalenderjahr aus betrieblichen Gründen nicht genommen werden, so erhält der Geschäftsführer eine Urlaubsabgeltung in Höhe eines anteiligen Festgehaltes für jeden nicht genommenen Urlaubstag.

2. Der Geschäftsführer hat den Urlaubszeitpunkt und die Urlaubsdauer unter Berücksichtigung seiner Aufgabenstellung und der Belange und Interessen der Gesellschaft zu wählen. Urlaubszeitpunkt und Dauer hat der Geschäftsführer mit seinen Mitgeschäftsführern abzustimmen.

§ 9 Firmenwagen, Reisekosten und Spesen

1. Dem Geschäftsführer wird für seine Tätigkeit im Rahmen dieses Vertrages ein Firmenwagen vom Typ (Marke) zur Verfügung gestellt, der auch zu privaten Zwecken genutzt werden kann. In der monatlichen Gehaltsabrechnung wird der geldwerte Vorteil der privaten Nutzung entsprechend den Bestimmungen der Lohnsteuerrichtlinien versteuert. Die Gesellschaft trägt sämtliche Betriebskosten. Das Fahrzeug ist Vollkasko zu versichern. Der Anspruch auf ein neues Firmenfahrzeug entsteht jeweils nach einer regelmäßigen Nutzungszeit von 2/4 Jahren.

2. Die Erstattung von Aufwendungen, die dem Geschäftsführer in Ausübung seiner Aufgaben im Rahmen der Dienste für die Gesellschaft entstehen, einschließlich Reise-

und Bewirtungskosten, richtet sich nach den jeweils geltenden internen Richtlinien der Gesellschaft.

§ 10 Sonstige Leistungen

1. Die Gesellschaft übernimmt die Kosten für eine jährliche Untersuchung durch einen Arzt nach Wahl des Geschäftsführers, soweit diese Kosten nicht durch eine Krankenversicherung getragen werden. Der Geschäftsführer ist verpflichtet, sich jährlich einer entsprechenden ärztlichen Untersuchung zu unterziehen und hat das Ergebnis der Gesellschaft mitzuteilen.

2. Der Geschäftsführer ist auf Kosten der Gesellschaft bei einer von ihm auszuwählenden Versicherungsgesellschaft nach deren Versicherungsbedingungen gegen Unfall zu versichern, und zwar

- für den Fall des Todes und der dauernden Vollinvalidität mit € 250.000,–,
- für den Fall der dauernden Teilinvalidität mit einem entsprechenden Prozentsatz dieser Summe.

Die Gesellschaft wird für den Geschäftsführer auf ihre Kosten eine Lebensversicherung mit einer Deckungssumme von € 250.000,– abschließen. Die Leistungen der Unfallversicherung bzw. Lebensversicherung werden dem Geschäftsführer oder den aufgrund des Versicherungsverhältnisses anspruchsberechtigten Hinterbliebenen im Versicherungsfall ungekürzt ausgezahlt. Die Gesellschaft wird auf ihre Kosten für den Geschäftsführer eine Berufsunfähigkeitsversicherung mit einer Deckungssumme von € 200.000,– abschließen, die für den Fall der Berufsunfähigkeit dem Geschäftsführer zugute kommt.

3. Die Gesellschaft übernimmt die Gebühren für zwei Kreditkarten nach Wahl des Geschäftsführers.

4. Leistet der Geschäftsführer für die Gesellschaft eine Bürgschaft, so erhält er hierfür als Entgelt eine Avalprovision von 4 % jährlich, wobei die Vergütung zum jeweiligen 31. Dezember eines Jahres zu zahlen ist. Die Avalvergütung beginnt im Zeitpunkt der Abgabe der Bürgschaft und endet mit Freigabe der Bürgschaft. Bei Ausscheiden des Geschäftsführers aus den Diensten der Gesellschaft hat die Gesellschaft den Geschäftsführer von der Inanspruchnahme aus der Bürgschaft unverzüglich freizustellen und die Freistellung ihm gegenüber innerhalb von vier Wochen nach Beendigung des Vertrages nachzuweisen.

5. Der Geschäftsführer ist verpflichtet, etwaige Erfindungen im Sinne des Gesetzes über Arbeitnehmererfindungen der Gesellschaft unverzüglich schriftlich anzubieten. Die Gesellschaft ist berechtigt, innerhalb einer Frist von drei Monaten nach dieser Mitteilung zu erklären, ob und in welchem Umfang sie die Erfindung in Anspruch zu nehmen beabsichtigt. Für den Fall der Inanspruchnahme der Erfindung erhält der

Geschäftsführer eine Vergütung entsprechend den Bestimmungen des Gesetzes über Arbeitnehmererfindungen und der hierzu ergangenen Vergütungsrichtlinien.

§ 11 Geheimhaltung

1. Der Geschäftsführer ist verpflichtet, über alle Angelegenheiten der Gesellschaft, die nicht Gegenstand öffentlicher Kenntnis sind, strengstes Stillschweigen zu bewahren und solche geheim zu haltenden Informationen weder direkt noch indirekt zu seinen eigenen Gunsten oder zu Gunsten dritter Personen zu benutzen. Diese Verpflichtung besteht auch nach Ausscheiden des Geschäftsführers aus den Diensten der Gesellschaft.

2. Mit Ausscheiden aus den Diensten der Gesellschaft oder bei Freistellung von seinen Funktionen ist der Geschäftsführer verpflichtet, sämtliche Schriftstücke, Aufzeichnungen und Entwürfe, die Angelegenheiten der Gesellschaft betreffen und sich noch in seinem Besitz befinden ebenso wie sämtliches anderes Eigentum der Gesellschaft zu übergeben und etwaige Daten, die er in seiner privaten EDV-Anlage gespeichert hat und welche die Gesellschaft betreffen, zu löschen.

§ 12 Rechtswahl und Sprache

1. Der Vertrag unterliegt ausschließlich deutschem Recht. Sollte der Vertrag in mehreren sprachlichen Fassungen erstellt werden, so ist die deutsche Fassung maßgeblich.

§ 13 Schlussbestimmungen

1. Dieser Vertrag ersetzt alle bestehenden mündlich oder schriftlich getroffenen Vereinbarungen zwischen den Parteien.

2. Änderungen oder Ergänzungen dieses Vertrages bedürfen für ihre Wirksamkeit der Schriftform.

3. Sollten einzelne Bestimmungen dieses Vertrages unwirksam sein oder werden, so berührt dies nicht die Wirksamkeit der übrigen Bestimmungen. Anstelle der unwirksamen oder nichtigen Bestimmungen soll eine angemessene Regelung treten, die dem wirtschaftlichen Zweck der unwirksamen Klausel am nächsten kommt.

Zusätzliche Klausel für den vorteilhaften Anstellungsvertrag

Zu § 1 Abs. 2/Aufgaben und Tätigkeitsbereich

Alternativ: Der Geschäftsführer ist zusammen mit einem weiteren Geschäftsführer bzw. mit einem Prokuristen vertretungsberechtigt. Er hat alle Geschäftsführungsaufgaben mit der Sorgfalt eines ordentlichen Geschäftsmannes zu erledigen. Der Geschäftsführer ist von den Beschränkungen des § 181 BGB befreit.

Zu § 1 Abs. 4/Aufgaben und Tätigkeitsbereich

Alternativ: Der Geschäftsführer hat eine regelmäßige Arbeitszeit von 44 Stunden wöchentlich, wobei die Arbeitszeiten zwischen 8.00 Uhr und 18.00 Uhr einschließlich einer einstündigen Mittagspause einzuhalten sind. Davon unberührt bleibt die betriebsbedingte notwendige Abwesenheit.

Zu § 3/Wettbewerbsverbot

Die Gesellschaft hat jederzeit das Recht, auf Einhaltung des vereinbarten nachvertraglichen Wettbewerbsverbotes zu verzichten. Verzichtet die Gesellschaft auf Einhaltung des Wettbewerbsverbotes verpflichtet sich die Gesellschaft ab dem Datum der Beendigung des Anstellungsvertrages für einen Zeitraum von 12 (6) Monaten eine Entschädigung in der oben vereinbarten Höhe zu zahlen.

Zu § 4 Abs. 1/Beendigung und Ausscheiden

1. Alternativ: Der Vertrag wird auf fünf Jahre fest abgeschlossen und endet am (Datum)

1. Alternativ: Es wird eine Probezeit von sechs Monaten vereinbart. Während der Probezeit kann jede Partei den Vertrag mit einer Frist von zwei Wochen zum Monatsende kündigen. Kündigt keine der Parteien, so wird der Vertrag auf unbestimmte Zeit fortgesetzt.

Zu § 4 Abs. 2/Beendigung und Ausscheiden

Alternativ: In den ersten fünf Jahren der Laufzeit dieses Vertrages kann er von beiden Parteien mit einer Frist von sechs Monaten zum Ende eines Kalenderjahres gekündigt werden. Nach Ablauf von fünf Jahren verlängert sich diese Frist auf zwölf Monate zum Ende eines Kalenderjahres, nach zehn Jahren (also nach weiteren fünf Jahren) auf 18 Monate zum Ende eines Kalenderjahres. Nach 15 Jahren Vertragslaufzeit insgesamt verzichtet die Gesellschaft auf ihr Recht, den Geschäftsführer ordentlich zu kündigen.

Zu § 4 Abs. 5/Beendigung und Ausscheiden

Legt der Geschäftsführer wegen der Abberufung oder wegen des Ausscheidens ein Rechtsmittel ein, wird die Abfindung erst mit Erledigung der Rechtssache fällig.

Zu § 4 Abs. 7/Beendigung und Ausscheiden

Mit Beendigung des Anstellungsvertrages hat der Geschäftsführer Anspruch auf Beschäftigung innerhalb der Konzern-Gruppe als Leitender Angestellter zu den üblichen Vertragskonditionen. Kann eine solche Stelle nicht angeboten werden, erhält der Geschäftsführer eine Abfindung in der unter § .... vereinbarten Höhe.

Zu § 5 Abs. 2/Bezüge

Alternativ: Der Geschäftsführer erhält eine monatliche Brutto-Vergütung von €... ,–. Darüber hinaus wird dem Geschäftsführer ein Urlaubsgeld und ein Weihnachtsgeld jeweils in Höhe eines Monatsgehaltes gewährt, das jeweils am 30.05. bzw. 31.11. eines jeden Jahres ausgezahlt wird.

Zu § 5 Abs. 3/Bezüge

Scheidet der Geschäftsführer während des Geschäftsjahres aus seinem Amt aus, hat er Anspruch auf zeitanteilige Tantieme.

Zu § 9 Abs. 1/Firmenwagen

Der Geschäftsführer ist bei seinem Ausscheiden aus den Diensten der Gesellschaft berechtigt, den Firmenwagen zu übernehmen.

§ 4   Amtsantritt in der Tochtergesellschaft

A.   Anmeldung zum Handelsregister

1 Der Geschäftsführer wird durch die Gesellschafter bestellt und abberufen[1]. Bei der Bestellung des Geschäftsführers durch die Gesellschafterversammlung müssen Sie folgende Rechtshandlungen unterscheiden:

- die Bestellung des Geschäftsführers als Erklärung der Gesellschafter durch Beschluss der Gesellschafterversammlung,
- die Anstellung des Geschäftsführers durch internen Vertrag.

2 Bei der Beschlussfassung zur Bestellung sind grundsätzlich alle Gesellschafter stimmberechtigt, auch der Gesellschafter, der zum Geschäftsführer bestellt wird. Das gilt auch für den Geschäftsführer mit einer Mini-Beteiligung an dem Konzern-Tochterunternehmen.

3 Die Bestellung zum Geschäftsführer ist dem Handelsregister anzumelden. Die Anmeldung erfolgt durch den/die vertretungsberechtigten Geschäftsführer und wird notariell beglaubigt. Der neu bestellte Geschäftsführer muss bei der Anmeldung mitwirken. Er muss versichern, dass keine Umstände vorliegen, die seiner Bestellung entgegenstehen[2], und dass er über seine Auskunftspflicht gegenüber dem Gericht belehrt wurde. Er hat seine Unterschrift zur Aufbewahrung beim Handelsregister zu leisten[3]. Dazu werden Formulare des Gerichts verwendet.

4 Der Beschluss zur Bestellung des Geschäftsführers erfolgt mit **einfacher Mehrheit**. Im Gesellschaftsvertrag kann eine abweichende Regelung getroffen werden.

B.   Erste Aufgaben

5 Die Neu-Besetzung einer Geschäftsführer-Position stellt nicht nur eine personelle Veränderung dar. Damit verbunden sind Ansprüche der Unternehmensleitung, aber auch die der Mitarbeiter nach bisher nicht eingelösten beruflichen Vorstellungen, nach Ver-

---

1   § 46 Abs. 5 GmbHG
2   § 6 GmbHG – etwa ein vorheriger Verstoß gegen die Insolvenzantragspflicht, sonstige strafbare Handlungen
3   § 39 Abs. 4 GmbHG

L. Volkelt, *Kompakt Edition: Geschäftsführer im Konzern*,
DOI 10.1007/978-3-658-03207-4_4, © Springer Fachmedien Wiesbaden 2014

änderung, nach Innovation. Diese Faktoren sind zur Bewältigung dieser Ansprüche ausschlaggebend:

■ Brancheninsider sind erfolgreicher als Branchenfremde.

■ Der schnelle Führungswechsel ist kaum möglich. Strukturelle und personelle Veränderungen erstrecken sich über einen Zeitraum von bis zu zwei Jahren.

■ Entscheidend für den Wechsel ist, wie es dem Neuen gelingt, die Arbeitsbeziehungen zu den entscheidenden Mitarbeitern auszuprägen.

■ Der Neue verständigt sich mit seinen Mitarbeitern über Arbeitsmethodik und Führungsstil.

■ Der Neue vermittelt den Mitarbeitern Sicherheit und Vertrauen.

Vertun Sie also möglichst wenig Zeit damit, sich in der Chefetage einzurichten und sich mit sich selbst zu beschäftigen. Gehen Sie auf die Mitarbeiter zu. Signalisieren Sie Gesprächsbereitschaft. Fragen Sie die Mitarbeiter, Kunden, Zulieferer auf allen Ebenen nach ihren Erwartungen an die neue Führung. Bündeln Sie diese Erwartungen und machen Sie sie zum Bestandteil Ihrer Veränderungs-Strategie, keinesfalls aber zum Mittelpunkt Ihrer Sichtweise. Befragen Sie die Mitarbeiter nach folgenden Themen:

■ Was machen Sie im Unternehmen? Was läuft nicht gut?

■ Was würden Sie an ihrem eigenen Arbeitsablauf verändern?

■ Wer ist zuständig für die Änderung von Arbeitsabläufen? (Key-Beziehungen)

■ Welche Änderungen wurden in den letzten Jahren eingeführt?

■ Welche Änderungen haben sich nicht bewährt?

■ Welche Änderung halten Sie für sinnvoll, welche nicht?

■ Wichtig: Dokumentieren Sie die Aussagen der Mitarbeiter. Werten Sie diese aus und lassen Sie die Ergebnisse in Ihre Planungen und Vorgaben einfließen.

Machen Sie Ihren ersten Arbeitstag im neuen Unternehmen zu einem Ritual: Lassen Sie alle Mitarbeiter wissen, dass heute Ihr erster Arbeitstag ist. Zeigen Sie, dass Sie da sind, sich nicht in Ihrem Office verstecken, dass Sie sich nicht nur um die „Großkopfeten" kümmern, sondern dass Sie für das Unternehmen als Ganzes und für alle Mitarbeiter da sind. Informieren Sie die Teamleiter darüber, dass Sie sich im Rahmen einer Betriebsbesichtigung jedem Team persönlich vorstellen werden. Nehmen Sie sich einen Tag lang Zeit, um sich in allen Teams des Betriebes zu zeigen. Gehen Sie auf die Menschen zu. Wirkungsvoll ist:

■ Kündigen Sie lediglich die Reigenfolge an, in der Sie die einzelnen Teams aufsuchen werden. (Spontaneität)

■ Stellen Sie sich jeweils dem gesamten Team vor. Sagen Sie etwas zu Ihrem beruflichen Werdegang, zu Ihrer Person. Botschaft: „Ich bin für Sie da!". Schaffen Sie Vertrauen! (Vertrauen)

■ Lassen Sie sich erklären, was das Team tut und welche Erwartungen das Team an die neue Führung hat (Teamorientierung).

■ Verschrecken Sie die Team-Mitarbeiter nicht mit der (vorschnellen) Ankündigung von Veränderungen – kündigen Sie aber an, „dass wir alle gemeinsam noch besser sein können"! (Visionen)

8   Nutzen Sie diese Gelegenheit zu ersten neuen Mitarbeiter-Kontakten. In solchen informellen Runden ist es möglich, engagierte und meinungsbildende Mitarbeiter zu erkennen und zu erreichen. Als zukünftiger Geschäftsführer ist es Ihre Aufgabe, die Ziele der Unternehmung vorzugeben, diese den Mitarbeitern zu kommunizieren, die Ressourcen bereitzustellen, die Umsetzung zu kontrollieren und korrigierende Maßnahmen einzuleiten. Voraussetzung: Alle Mitarbeiter müssen die Ziele des Unternehmens kennen. Das ist möglich,

■ wenn die Mitarbeiter über alle Informationen verfügen, die Sie zu Ihrem Beitrag für die Zielerreichung kennen müssen und

■ wenn die Ziele von allen in gleicher Weise verstanden und getragen werden.

9   Es ist Ihre Aufgabe, den Mitarbeitern das Wissen und alle Informationen bereitzustellen, die die Mitarbeiter brauchen, um ihre erledigen zu können. Das sind:

Gegenstand	Fragen an die Mitarbeiter …
Berichtswesen	Wie oft erhalten Sie Berichte?
	Verstehen Sie die Berichte?
	Sprechen Sie mit den Mitarbeitern Ihrer Abteilung über die Zahlen?
	Brauchen Sie mehr oder andere Informationen zur Erledigung Ihrer Arbeit?
Unternehmenskultur	Wie denken die Mitarbeiter über das Unternehmen?
	Wie denken die Mitarbeiter über die Kunden?
	Wie denken die Mitarbeiter über die eigenen Produkte?
	Wie denken die Mitarbeiter über andere Abteilungen?
Arbeitsmethodik	Hilft Ihnen die Arbeit im Team bei der Umsetzung Ihrer Tätigkeit im Unternehmen?
	Was gefällt Ihnen nicht bei der Arbeit im Team?
	Was würden Sie besser machen?

Gegenstand	Fragen an die Mitarbeiter …
Eigene Produkte	Kennen Sie alle Produkte unseres Unternehmens?
	Welches ist für Sie das beste, welches das schlechteste?
	Was würden Sie besser machen?
	Gibt es Produkte, die unsere Kunden nur oder bevorzugt bei einem anderen Unternehmen einkaufen?
Kundenorientierung	Was wollen die Kunden von uns?
	Gibt es regelmäßige Meetings mit Ihren Ansprechpartnern beim Kunden?
Wettbewerber	Wen unserer Wettbewerber halten Sie für besser, wen für schlechter?
	Was können wir von unseren Wettbewerbern lernen?
Mitarbeiter	Wo möchten Sie in 5, 10 oder 15 Jahren stehen?
	Welche Weiterbildung haben Sie geplant?
	Können Sie sich vorstellen, im Ausland tätig zu sein?

Alle Mitarbeiter, die Schlüssel-Positionen im Unternehmen haben, müssen über diese Themen fundiert informiert sein. Leiten Sie aus dieser Matrix und den quantifizierbaren Größen (Ertrag, Umsatz, Kosten) aus dem Controlling Ihre neuen kurz-, mittel- und langfristige Zielhierarchie für das Unternehmens ab und gleichen Sie diese mit der vorliegenden mittel- und langfristigen Unternehmensplanung in den Gremien (Gesellschafter, externe Berater) ab. **10**

Im Unternehmen arbeiten Menschen unterschiedlicher Herkunft, unterschiedlicher Ausbildung und meist auch in allen Altersstufen. Die Menschen haben verschiedene Werte- und Sprachmuster, unterschiedliche kulturelle Hintergründe usw. Dennoch müssen die Ziele und die Arbeitsweise des Unternehmens von allen in gleicher Weise verstanden und mitgetragen werden. Hilfreich ist: **11**

- Formulieren Sie nur die wesentlichen Ziele des Unternehmens – was aber nicht heißt, dass es keine Teil- und Unterziele gibt.
- Formulieren Sie die Ziele einfach und verständlich.
- Visualisieren Sie Ihre Zielvorgaben.
- Weisen Sie immer wieder auf die Zielvorgaben hin, z. B. wenn Sie eine Maßnahme begründen, eine Vorgabe machen oder es aus einem anderen Zusammenhang notwendig ist.

4

12 Damit nutzen Sie eine Arbeitsmethode, die etablierte Berater-Unternehmer systematisch einsetzen. Die Berater wissen, dass die Kommunikation mit den Menschen im Betrieb ein wichtiger – wenn nicht der wichtigste – Faktor für Veränderungen ist.

13 Besteht in der Unternehmung ein Geschäftsführungs-Gremium mit mehreren Ressort-Verantwortlichen Geschäftsführern ist das Zusammenwirken in der Regel im Rahmen der Zuständigkeiten anhand der Stellenbeschreibung und einer Geschäftsordnung geregelt. Folgende Regeln sind für eine systematische und zielbezogene Zusammenarbeit hilfreich: Arbeiten Sie mit Zielvereinbarungen. Damit legen alle Gesellschafter/Geschäftsführer gemeinsam fest, wer welche Ziele bis wann mit welchen Ressourcen erreichen will. Sobald ein Gesellschafter/Geschäftsführer Anzeichen dafür hat, dass er ein vereinbartes Ziel nicht erreichen kann, hat er die Pflicht, seine Mit-Gesellschafter/Geschäftsführer darüber zu informieren. Alle Zielvereinbarungen werden in einem Katalog zusammengefasst, laufend aktualisiert und allen Gesellschaftern/Geschäftsführern zur Verfügung gestellt.

Grundsätze der Zusammenarbeit von Geschäftsführern

Klare Abgrenzung von Zuständigkeiten:

Aufgabenbereiche müssen klar abgegrenzt werden. Orientieren Sie sich an der Qualifikation der Gesellschafter/Geschäftsführer, aber auch an der gängigen Verteilung der Ressorts (kaufmännische Leitung, Produktion/Entwicklung, Marketing/Vertrieb, Personal, IT). Zu Ihrer Aufgabe gehört es auch, Ihr Ressort ständig an die sich ändernden Bedürfnisse der Gesamtorganisation anzupassen.

Transparenz und Offenheit:

Sorgen Sie dafür, dass Ihre Mit-Gesellschafter über Ihr Ressort so gut wie möglich informiert sind. Sprechen Sie über Probleme, die im Ressort auftreten und holen Sie den Rat Ihrer Mit-Gesellschafter/Geschäftsführer dazu ein. Informieren Sie lieber „zu viel" als „zu wenig". Stellen Sie Informationen in den Informationszusammenhang, damit Gesellschafter/Geschäftsführer die Reichweite einer punktuellen Information richtig bewerten kann.

Vollständige Dokumentation aller Absprachen und Vereinbarungen:

Alle geschäftsbezogenen Absprachen und Vereinbarungen zwischen den Gesellschafter/Geschäftsführern sollten vollständig und inhaltlich nachvollziehbar dokumentiert werden. Das betrifft Gesellschafterversammlungen, Ressortsitzungen, aber auch Abteilungen und abteilungsübergreifende Projektarbeit. Damit stellen Sie sicher, dass im Konfliktfall auf eine lückenlose Dokumentation der betrieblichen Abläufe zurückgegriffen werden kann.

Arbeitstechnik ständig verbessern:

Ruhen Sie sich nicht auf einer einmal gewohnten Arbeitstechnik aus. Die technische Entwicklung ermöglicht laufend neue Kommunikations- und Arbeitstechniken im Betrieb.

Kontrollen einbauen:

Zielvereinbarungen dürfen und müssen gegenseitig kontrolliert werden können. Das ist kein Ausdruck von Misstrauen, sondern Bestandteil gemeinsamen Handelns. Kontrollen beinhalten Verständnisfragen, gezielte Zusatzfragen, auch Einsicht in Unterlagen und Dokumente, die für die Meinungsbildung wichtig sind. Überzogene Kontrollen werden als Gängelung verstanden werden und müssen im Verhältnis zum Aufwand gesehen werden.

Konflikte ansprechen:

Meinungsverschiedenheiten gehören zur Arbeits- bzw. Ressortteilung. Wichtig ist, dass diese zeitnah, direkt und ohne Polemik angesprochen werden. Dazu gehört, Fehler und Pannen anzusprechen und Maßnahmen zur Abhilfe vorzuschlagen. Viele Konflikte lassen sich entschärfen, indem sie offen – im Gremium – angesprochen und gelöst werden. Gruppen- und Untergruppenbildung sollte nicht aufkommen.

Externe Berater:

Sind sich die Beteiligten bei der Beurteilung einer Sachfrage nicht einig, ist es hilfreich, externe Berater einzubeziehen. Das können Mitglieder des Beirates, aber auch Spezialisten außerhalb der GmbH sein. Nicht zwingend ergibt sich daraus, die Konsequenzen einer externen Beratung umzusetzen. Erfahrungsgemäß wird damit aber die Qualität der Entscheidung für die GmbH deutlich erhöht.

Mediationsverfahren:

Bevor Konflikte gerichtlich entschieden werden, sollten sich die Beteiligten darauf verständigen, schlichtende Einigungsgespräche unter externer Supervision durchzuführen (Mediationsverfahren). Das Verfahren ist in der Regel kostengünstiger als die sofortige gerichtliche Auseinandersetzung und führt zu vergleichbaren Ergebnissen.

Teamgeist bewusst fördern:

Geschäftsführer arbeiten im Team und sollten sich ganz bewusst Zeit dazu nehmen, Teamgeist und Teamfähigkeiten zu verbessern. Dazu geeignet sind gemeinsame Brainstorming Wochenenden, an denen auch einmal die GmbH übergreifende Themen angesprochen werden können. Solche Maßnahmen sind nicht nur für angestellte Mitarbeiter oder Abteilungen wertvoll. Auch die Qualität der Tätigkeit des Gesellschafter/Geschäftsführer-Gremiums kann dadurch nachhaltig verbessert werden.

§ 5   Besonderheiten im GmbH-Konzern

A.   Zentrale Unternehmensplanung

1   Die zentrale Unternehmensplanung und Kontrolle sind wichtige zentrale Führungsinstrumente für die effiziente Steuerung und Weiterentwicklung der gesamten Unternehmensgruppe. Je nach Anzahl der Konzerngesellschaften, Verzahnung der Geschäftsmodelle und Geschäftstätigkeiten (z. B. Zulieferer), je nach vertikaler und horizontaler Verflechtung der Geschäftsabläufe können mit Hilfe der zentralen Unternehmensplanung die Einzelpläne optimiert, aufeinander abgestimmt und angepasst werden.

2   Die Unternehmensplanung kann sich dabei auf die vollständige Koordinierung sämtlicher betriebswirtschaftlicher Größen, aber auch auf die Koordinierung weniger Planungsgrößen beziehen (Liquiditätssteuerung, Investitionsplanung). Wesentliche Punkte der zentralen Unternehmensplanung sind:

- Management-Grundsätze, Vision – langfristige und globale Leitlinie
- Darstellung der Produkte und Dienstleistungen und deren Zielgruppen inkl. Nutzen (qualitativ, quantitativ)
- Markt, Marktvolumen, Marktentwicklung
- Konkurrenz-/Wettbewerbssituation
- Stärken/Schwächen – Analysen
- Balanced Scorecard
- Planung von strategischen Maßnahmen, um die Stärken zu verstärken und die Schwächen auszumerzen
- Planung von strategischen Maßnahmen zur Marktdurchdringung
- Investitionsplanung, Personalplanung (Organigramm), Umsatzplanung, Ergebnisplanung (Forecast), Liquiditätsplanung
- Planbilanz
- Steuerplanung

3   In der Regel sind die Geschäftsführer der Tochtergesellschaften in den Planungsprozess einbezogen. Sie sind zuständig für die operative Umsetzung der Plandaten in ihrem Unternehmen. Bei Abweichungen, Besonderheiten und außergewöhnlichen Vorkommnissen sind Sie verpflichtet, die Planungsgremien, das Controlling und die interne Revision zu informieren. Die zentrale Unternehmensplanung orientiert sich in der Praxis an folgenden Grundsätzen:

50

L. Volkelt, *Kompakt Edition: Geschäftsführer im Konzern*,
DOI 10.1007/978-3-658-03207-4_5, © Springer Fachmedien Wiesbaden 2014

▦ Zielgruppe für die Unternehmensplanung und Kontrolle sind die Gesellschafter, der Vorstand der Holding, der Aufsichtsrat, die Investoren und die Mitarbeiter.

▦ Die Verantwortung für die Planerstellung, die laufende Überwachung der Pläne und die Erstellung, Durchführung und Kontrolle der notwendigen Maßnahmen bei Abweichungen liegt bei den Geschäftsführern für ihre jeweilige Gesellschaft und bei der Gesamt-Geschäftsleitung für den Unternehmensverbund.

▦ Zu Beginn des Planungszeitraums wird ein Management-Strategiemeeting mit allen Beteiligten durchgeführt.

▦ Der Planung- und Controllingprozess wird permanent angepasst und verbessert.

▦ Informationen für die „Öffentlichkeit" gehen nur nach Abstimmung mit der zentralen Geschäftsleitung nach außen.

Daneben wird in vielen Konzernen eine zentrale Planung für Dienstleistungsfunktionen erstellt, die den einzelnen Unternehmen des Unternehmensverbundes zur Verfügung stehen. Das sind z. B.: Personaldienstleistungen, Aus- und Weiterbildung, Rechnungswesen und/oder Controlling, Interne Informationstechnologie, Personal-/ Organisationsentwicklung, Marketing.

Nach § 91 Abs. 2 AktG hat der Vorstand geeignete Maßnahmen zu treffen, insbesondere ein Überwachungssystem einzurichten, damit für den Fortbestand der Gruppe bzw. einzelner Gesellschaften gefährdende Entwicklungen früh erkannt werden. Durch diese Vorschrift soll nach der Begründung des Gesetzgebers zum Gesetz zur Kontrolle und Transparenz im Unternehmensbereich (KonTraG) die Verpflichtung des Vorstands, für ein angemessenes Risikomanagement und eine angemessene interne Revision zu sorgen, verdeutlicht werden. Es werden momentan folgende Risikofelder, die zu Bestandsgefährdenden Entwicklungen führen können, identifiziert. Es gibt hierfür einen speziellen verbindlichen **Risikoleitfaden** für die einzelnen Einheiten mit folgenden Inhalten:

▦ Aussagen zur frühzeitigen Erkennung von Risiken im Unternehmen

▦ Definition von Risikofeldern, die zu Bestandsgefährdenden Entwicklungen führen können

▦ Grundsätze für die Risikoerkennung und Risikoanalyse sowie Risikokommunikation, insbesondere auch über die Feststellung und die Reaktion auf Veränderungen im Zeitablauf

▦ Festlegungen von Verantwortlichkeiten und Aufgaben für Risikoerkennung, -analyse und -kommunikation

▦ Regelungen zur Berichterstattung und Risikoverfolgung

▦ Zusammenstellung der wesentlichen integrierten Kontrollen und der Aufgaben der internen Revision

B. Cash-Pooling-Finanzierung

6 Konzern-Unternehmen haben in der Regel im In- und Ausland Tochtergesellschaften und/oder Betriebsstätten. Die Tochtergesellschaften und Betriebsstätten erwirtschaften Einnahmen und Überschüsse – auch in verschiedenen Währungen – und haben Ausgaben und Investitionskosten – ebenfalls in verschiedenen Währungen. In der Regel erwirtschaften einige Unternehmenseinheiten Liquiditätsüberschüsse, die zu möglichst hohen Zinssätzen angelegt werden sollen. Andere Unternehmenseinheiten haben ein Mittelbedarf, den sie zu möglichst niedrigsten Zinskonditionen decken wollen. Im Konzern ist es möglich, die Liquidität zentral zu steuern und damit Vorteile bei der Bereitstellung von Finanzmitteln zu günstigen Konditionen zu ermöglichen.

7 Um das in der Unternehmensgruppe zu gewährleisten, wenden Unternehmen sog. Cash-Management-Systeme an. Eine Methode ist das Cash-Pooling. Dabei werden die Salden der Bankkonten der am Cash-Pooling teilnehmenden Konzerngesellschaften auf ein einziges Zielkonto („Masterkonto") übertragen. Das Masterkonto wird von der Muttergesellschaft geführt. Guthaben der teilnehmenden Gesellschaften werden auf das Masterkonto überwiesen, Kreditbedarf von Konzerngesellschaften wird durch Transfers vom Masterkonto gedeckt. Der Saldo des Masterkontos wird am Kapitalmarkt angelegt oder durch Kreditaufnahme gedeckt. Für die einzelne Konzerngesellschaft werden so Forderungen und Verbindlichkeiten statt gegenüber der Bank durch Forderungen und Verbindlichkeiten gegenüber einem verbundenen Unternehmen ausgetauscht.

8 Seit der GmbH-Reform (2009) gelten klare Regeln für die Konzern-Finanzierung. Der Gesetzgeber hat damit das einheitliche Liquiditäts-Management (Cash-Pooling) im Konzern gesetzlich zugelassen und geregelt. Das geht ohne Risiko für die beteiligten Unternehmen, solange die Kredite durch eine vollwertige Gegenleistung gedeckt sind. Damit ist die Haftung zwischen den Gesellschaften geregelt – bei Zahlungsausfall muss eine Tochtergesellschaft nicht für die andere einspringen. Nachteil: Nicht mehr die beteiligten Gesellschaften tragen das Haftungsrisiko. Dafür steigt das Haftungsrisiko des einzelnen Geschäftsführers. Und zwar deswegen, weil er aus anderen Vorschriften des GmbH-Gesetzes für die GmbH haften kann:

- Danach haftet z. B. der Geschäftsführer der Holding beim Zahlungsausfall einer Tochtergesellschaft, weil er das Darlehen nicht rechtzeitig zurückgefordert hat[1].

- Die Rückzahlung eines Konzerndarlehens kann aber auch zu einer verdeckten Sacheinlage führen. Auch in diesem Fall haftet der Geschäftsführer[2].

---

1 § 43a GmbH-Gesetz
2 § 19 GmbH-Gesetz

■ Der Geschäftsführer der Tochtergesellschaft haftet u. U., wenn der sich weigert, konzerninterne Weisungen zum gemeinsamen Cash-Pooling auszuführen. Und zwar entweder, weil er für Finanzierungsausfälle verantwortlich gemacht wird oder persönlich, weil sein Anstellungsvertrag nicht verlängert oder sogar gekündigt wird.

Geschäftsführer von Tochtergesellschaften im Konzernverbund sind gegen die persönlichen finanziellen Risiken aus dem Cash-Pooling in der Regel nicht abgesichert. **9**

Vorsorglich sollte das Cash-Pooling zwischen der Konzern-Holding und der Tochtergesellschaft auf einer klaren vertraglichen Grundlage geregelt sein. Stimmen Sie der Vereinbarung nur zu, wenn

■ alle Vertragspartner dazu verpflichtet sind, sich gegenseitig über die Ertragslage und den Cash-Flow jedes einzelnen Unternehmens ständig zu informieren.

■ nur gesunde und insolvente Unternehmen bzw. Tochtergesellschaften am Cash-Pooling teilnehmen.

■ die Konzernmutter verpflichtet ist, einen Liquiditätspuffer einzurichten.

■ die Tochterfirmen die Möglichkeit haben, den Vertrag zu beenden und damit aus dem Cash-Pooling auszuscheiden.

Rechtlich ungeklärt ist die Frage, wie das Cash-Pooling im Zusammenhang mit der Erbringung der Stammeinlage zu bewerten ist. Der Bundesgerichtshof hat dazu in einem Grundsatzurteil[3] entschieden: Wird bei Gründung einer GmbH die eingezahlte Stammeinlage sofort oder in engem zeitlichem Zusammenhang in den Cash-Pool des Unternehmensverbundes weitergeleitet, gilt die Stammeinlage weiterhin als „nicht erbracht". Folge: In der wirtschaftlichen Krise des Unternehmens (also z. B. der Tochtergesellschaft) darf der Insolvenzverwalter die Stammeinlage vom Gesellschafter nochmals einziehen. Diese Haftung der Gesellschafter gilt für insgesamt 10 Jahre. **10**

Einlagezahlungen an neu gegründete Unternehmen oder in Beteiligungen dürfen auf keinen Fall sofort in den Cash-Pool des Unternehmensverbundes fließen. Besser ist es, die Stammeinlage per Beleg (Vermerk: Erbringung der Stammeinlage) auf ein Konto des neu gegründeten Unternehmens zu überweisen und dort mindestens 6 Monate stehen zu lassen. Damit vermeiden Sie, dass der Insolvenzverwalter ein sog. „Hin- und Herzahlen" unterstellen kann, was ebenfalls zur Nichterbringung der Einlage führen kann.

C. Konzernverträge

Aus Gründen der Rechtssicherheit und aus steuerrechtlichen Vorgaben werden neben der kapitalmäßigen Verflechtung der im Unternehmensverbund zusammengeschlossen Unternehmen zwischen der Konzern-Muttergesellschaft und den abhängigen **11**

---

3   BGH, Urteil vom 20.7.2009, II ZR 273/07

Gesellschaften Verträge geschlossen. Je nach Ausgestaltung ergeben sich daraus für die Organe der beteiligten Gesellschaften unterschiedliche Rechte und Pflichten. Ein Gewinnabführungsvertrag[4] liegt vor, wenn sich ein Unternehmen verpflichtet, den Gewinn an ein anderes Unternehmen abzuführen.

12   Die zivilrechtlichen Voraussetzungen eines Gewinnabführungsvertrages sind Aktiengesetz geregelt. Ist die Organgesellschaft eine GmbH sind diese Regelungen zum Teil entsprechend gültig. Der Gewinnabführungsvertrag ist zivilrechtlich wirksam vereinbart, wenn er die folgenden Voraussetzungen erfüllt:

- Schriftform.
- Zustimmung der Hauptversammlung der Organgesellschaft/Gesellschafterversammlung mit einer Mehrheit von 3/4 des bei Beschlussfassung vertretenen Grundkapitals/Stammkapitals.
- Zustimmungsbeschluss der Hauptversammlung der Organgesellschaft/Gesellschafterversammlung bedarf der notariellen Beurkundung.
- Zustimmung der Hauptversammlung der Organträgerin/Mutter-GmbH mit einer Mehrheit von 3/4 des bei Beschlussfassung vertretenen Grundkapitals/Stammkapitals.
- der Gewinnabführungsvertrag muss einen Verlustausgleich vorsehen.

13   Für die steuerliche Anerkennung ist Voraussetzung, dass ein wirksamer Gewinnabführungsvertrag vorliegt und dieser durchgeführt wird. Der Gewinnabführungsvertrag wird erst mit seiner Eintragung in das Handelsregister der Organgesellschaft wirksam[5]. Der Gewinnabführungsvertrag muss auf mindestens 5 Jahre abgeschlossen sein[6]. Der Gewinnabführungsvertrag muss während seiner gesamten Geltungsdauer (mindestens während der fünfjährigen Mindestvertragsdauer) auch tatsächlich durchgeführt werden[7]. Hierfür ist insbesondere erforderlich, dass die Organgesellschaft den handelsrechtlich zulässigen Höchstbetrag abführt. Wird weniger oder mehr als dieser Höchstbetrag abgeführt, liegt ein Verstoß gegen das Durchführungsgebot vor. Das gilt auch für die Verlustübernahme gilt.

14   Das Durchführungsgebot wird nicht verletzt[8],

- wenn der abzuführende Gewinn durch einen vorvertraglichen Verlustvortrag gemindert wird,
- wenn der Jahresüberschuss um gesetzliche Rücklagen gemindert wird,
- wenn Beträge aus dem Jahresüberschuss in Gewinnrücklagen eingestellt werden, die wirtschaftlich begründet sind,

---

4   gemäß § 291 AktG
5   vgl. dazu im Einzelnen BMF-Schreiben vom 10.11.2005, BStBl I 2005, 1038
6   § 14 Abs. 1 Satz 1 Nr. 3 KStG
7   § 14 Abs. 1 Satz 1 Satz 1 KStG
8   R 60 Abs. 5 KStR 2004

▨   wenn von der Organgesellschaft ständig Verluste erwirtschaftet werden,

▨   wenn der Verlustausgleichsanspruch nicht oder unzutreffend verzinst wird.

Liegt während der fünfjährigen Mindestlaufzeit ein Verstoß gegen das Durchfüh-   **15**
rungsgebot vor, ist der Gewinnabführungsvertrag als von Anfang an unwirksam anzu-
sehen. Die Organgesellschaft muss ihr gesamtes Einkommen dieser Jahre dann selbst
versteuern[9]. Ist die Schwelle der Mindestvertragsdauer bereits überschritten, gilt die
Organschaft erst ab dem Jahr des Verstoßes dagegen als gescheitert.

D.   Zustimmungserfordernisse und Weisungen

5

Regelmäßiger Bestandteil des Geschäftsführer-Anstellungsvertrages ist der sog. Ka-   **16**
talog zustimmungspflichtiger Geschäfte. Die darin aufgeführten Geschäfte darf der
Geschäftsführer nur mit Zustimmung der Gesellschafter – in der Tochtergesellschaft
mit der Zustimmung des Vorstandes/der Geschäftsführung der Muttergesellschaft –
ausführen.

Für Tochtergesellschaften ist in der Praxis eine weit reichende Vereinbarung, die die   **17**
Ausübung der Geschäfte durch den Geschäftsführer auf das operative Geschäft beschränkt, üblich. Üblich ist z. B. folgende Vereinbarung: Zu allen Geschäften, die über
den gewöhnlichen Geschäftsbetrieb hinausgehen, muss die vorherige Zustimmung der
Gesellschafterversammlung eingeholt werden. Beispiele:

▨   Die Veräußerung von Teilen des Unternehmens.

▨   Die Errichtung oder Aufgabe von Zweigniederlassungen, die Gründung, der Er-
     werb oder die Veräußerung anderer Gesellschaften sowie Beteiligungen an sol-
     chen; die Aufnahme oder Aufgabe eines Geschäftszweiges und die Aufnahme bzw.
     Aufgabe vorhandener Tätigkeitsgebiete, die Verlegung des Verwaltungssitzes.

▨   Der Erwerb, die Veräußerung oder Belastung von Grundstücken oder grund-
     stücksgleichen Rechten.

▨   Der Abschluss, die Beendigung oder Änderung von Unternehmensverträgen, der
     Abschluss, die Beendigung oder Änderung von Verträgen über Erwerb oder Ver-
     äußerung von Urheberrechten, gewerblichen Schutzrechten, Lizenzen, Know-how
     oder verwandten Rechten.

▨   Investitionen, soweit sie im Einzelfall € 100.000,– bzw. zusammengerechnet im
     Jahr mehr als € 500.000,– übersteigen oder außerhalb der Jahresplanung liegen.

▨   Dauerschuldverhältnisse, die zu einer monatlichen Belastung von mehr als
     € 50.000,– oder zu einer Jahresbelastung von mehr als € 100.000,– führen.

---

9   R 60 Abs. 8 Satz 2 KStR 2004

18 Unterlässt der Geschäftsführer es, sich die Zustimmung der Gesellschafter für diese Geschäfte einzuholen, berechtigt das zur fristlosen Kündigung des Anstellungsvertrages. Der Geschäftsführer haftet für einen entstandenen Schaden im Innen- und im Außenverhältnis.

> Zusätzlich müssen Sie sich als Geschäftsführer darüber informieren, ob es im Gesellschaftsvertrag der GmbH Bestimmungen gibt, die der Zustimmung der Gesellschafter zwingend unterliegen. Das können sein: Die Erweiterung des Gegenstandes der GmbH, das betrifft z. B. die Erschließung neuer Geschäftsfelder, die nicht durch den Gegenstand der GmbH gedeckt sind. Sie sind dann gut beraten, sich die Zustimmung der Gesellschafter bzw. der Konzern-Geschäftsleitung einzuholen – u. U. auch nachträglich.

19 Außerdem können die GmbH-Gesellschafter bzw. die Konzern-Geschäftsleitung dem Geschäftsführer jederzeit Einzel-Anweisungen erteilen[10]. Jedoch kann weder der einzelne Gesellschafter, noch der Mehrheits-Gesellschafter Weisung geben. Weisungen müssen grundsätzlich durch Beschluss der Gesellschafter ergehen.

20 Der Beschluss erfolgt mit einfacher Mehrheit der Stimmen, sofern keine besondere Vereinbarung des Gesellschaftsvertrages eine andere Beschlussmehrheit bestimmt.

Die Weisungen können sich beziehen auf

- generelle Anweisungen zur Geschäftspolitik, allgemeine Richtlinien oder
- spezielle Anweisungen, die eine ganz bestimmte Handlung oder Einzelentscheidung betreffen (Vertragsschluss).

21 Widerspricht eine Weisung geltenden Gesetzen, dem Gesellschaftsvertrag oder dem Anstellungsvertrag des Geschäftsführers, dann haben Sie als Geschäftsführer das Recht, die Weisung nicht auszuführen bzw. Ihr Amt niederzulegen und den Anstellungsvertrag außerordentlich zu kündigen[11] und u. U. sogar Schadensersatz geltend zu machen. Besteht ein Beherrschungsvertrag sind auch für die Tochtergesellschaft nachteilige Weisungen zulässig, wenn sie den Belangen des herrschenden Unternehmens oder dem Konzernverbund dienen.

22 Führt der Geschäftsführer rechtmäßige Weisungen der Gesellschafter nicht aus, ist dies ein wichtiger Grund zur Abberufung und zur Kündigung des Anstellungsvertrages aus wichtigem Grund – also fristlos. Zusätzlich kann die Gesellschaft Schadensersatz geltend machen.

---

10 § 37 Abs. 1 GmbHG
11 so Kommentar zum GmbH-Gesetz, Hachenburg/Mertens § 37 Rz. 32

E. Auskunfts- und Einsichtsrechte

Die Gesellschafter einer GmbH haben ein umfassendes Auskunfts- und Einsichtsrecht **23**
in alle Angelegenheiten der GmbH[12]. Dieses Auskunfts- und Einsichtsrecht umfasst
auch verbundene Unternehmen – damit auch Konzerngesellschaften und Tochterunternehmen. Dabei haben die Gesellschafter der Konzern-Muttergesellschaft Anspruch auf Auskünfte über verbundene Unternehmen und alle Beteiligungsgesell-
schaften.

> Das Auskunfts- und Einsichtsrecht im Konzern-Verbund besteht gegenseitig. Danach hat der Gesellschafter
> Anspruch auf Auskunft und Einsicht über alle Gesellschaften, an denen seine Gesellschaft beteiligt ist und
> zugleich Anspruch auf Auskunft und Einsicht über alle Gesellschaften, die an seiner Gesellschaft beteiligt
> sind.

In der Regel ist die Tochtergesellschaft nicht zugleich Gesellschafter der Mutterge- **24**
sellschaft. Damit besteht eine Auskunfts- und Einsichtsverpflichtung nur einseitig,
d. h. die Tochtergesellschaft hat keinen Informationsanspruch – auch wenn es sich
um Informationen aus der Muttergesellschaft handelt, die für die geschäftlichen und
wirtschaftlichen Belange der Tochtergesellschaft von Bedeutung sind. Das betrifft z. B.
Informationen über Inhalte aus den Gesellschafterversammlungen der Muttergesellschaft, die die Tochtergesellschaft betreffen, oder z. B. Informationen über eine bevorstehende Abberufungen des Geschäftsführers einer Tochtergesellschaft.

Die Gesellschafter der GmbH haben ein umfassendes Auskunfts- und Einsichtsrecht **25**
in alle Angelegenheiten der GmbH. Auf Verlangen der Gesellschafter muss der Geschäftsführer auch Einsicht in die Bücher der GmbH gewähren. Die Informations-
pflicht des Geschäftsführers kann nicht durch Bestimmung des Gesellschaftsvertrages
ausgeschlossen werden.

Das Auskunfts- und Einsichtsrecht steht nur den Gesellschaftern, dem Insolvenzver- **26**
walter und dem Testamentsvollstrecker zu. Die Auskunft kann auf der Gesellschafterversammlung verlangt werden, der Gesellschafter kann sich aber auch direkt an den
Geschäftsführer um Auskünfte wenden. Diesem Verlangen muss der Geschäftsführer
unverzüglich nachkommen. Der Auskunftssuchende kann sein Ersuchen durch einen
Bevollmächtigten (Steuerberater, Wirtschaftsprüfer, Rechtsanwalt) wahrnehmen lassen. Dieser ist zur Geheimhaltung verpflichtet. Die Gesellschafter der Tochter-Gesellschaft können vom Geschäftsführer Auskunft über und Einsicht in alle Angelegenheiten der GmbH verlangen, das sind z. B.

- abgeschlossene oder schwebende Verträge
- die Ertragssituation

---

12 A GmbHG51ß

- Planungen und Zielvorgaben

- Beziehungen zu Tochterunternehmen und verbundenen Gesellschaften

- Zu den Angelegenheiten der GmbH gehören auch die der KG in der GmbH & Co. KG

- Gehälter, Tantiemen, Pensionszusagen, aber auch: Personalangelegenheiten, wie Vergütung, Vertragsart usw. soweit es sich nicht um vertrauliche Unterlagen aus den Personalakten handelt

- Das Auskunfts- und Einsichtsrecht bezieht sich auch auf sämtliche Aufzeichnungen (Protokolle), Unterlagen (Vorlagen, Korrespondenz, Berichte) und Datensammlungen (Marktforschung, Kundendaten usw.).

27 Der Gesellschafter hat grundsätzlich Anspruch auf Einsicht in alle Original-Unterlagen der GmbH, nicht aber, die Originalunterlagen aus den Räumen der GmbH zu entfernen. Er ist berechtigt, davon Kopien auf eigene Kosten zu fertigen. Um einem Missbrauch vorzubeugen, müssen Sie sicherstellen, dass die GmbH auf jeden Fall Kopien zurückbehält. Die GmbH muss den Kopierer zur Verfügung stellen, ansonsten kann der Gesellschafter Aufzeichnungen fertigen.

28 Der Auskunft- und Einsicht suchende Gesellschafter hat grundsätzlich keinen Anspruch auf einen Arbeitsplatz, auf die Hilfe von Personal, auf die Befragung der Mitarbeiter oder Anspruch auf technische Hilfe durch die GmbH.

> Als Geschäftsführer können/müssen Sie Auskunft und Einsicht verweigern, wenn Sie befürchten müssen, dass der Gesellschafter die so erlangten Informationen zu gesellschaftsfremden Zwecken verwendet und der Gesellschaft dadurch ein nicht unerheblicher Nachteil entsteht. Das ist insbesondere dann anzunehmen, wenn Informationen aus der Gesellschaft an einen Konkurrenten weitergegeben werden oder alleine schon, wenn begründeter Anlass zu der Befürchtung besteht, dass diese Informationen an ein Konkurrenzunternehmen weitergegeben werden könnten.

29 Müssen Sie eine gesellschaftsfremde Verwendung befürchten, sind Sie als Geschäftsführer dazu verpflichtet, unverzüglich einen Gesellschafterbeschluss zur Verweigerung des Auskunfts- und Einsichtsrechts herbeiführen[13]. Der betroffene Gesellschafter hat dazu kein Stimmrecht. Der Gesellschafter kann diesen Beschluss durch das Landgericht von der Kammer für Handelssachen überprüfen lassen[14]. Dabei ist die begehrte Auskunft im Antrag konkret zu bezeichnen. Das Gericht kann die Kosten des Verfahrens nach billigem Ermessen verteilen, also u. U. auch bei abgelehntem Informationsersuchen auf die GmbH.

> Als Geschäftsführer drohen Ihnen Schadensersatzforderungen der GmbH bei unberechtigter Informationsherausgabe an einen Gesellschafter, bei Auskunfts- und Einsichtsverweigerung ohne entsprechenden Gesellschafterbeschluss.

---

13   GmbHG 2Satz 2 a Abs. 51ß
14   § 51b GmbHG

Die unberechtigte Verweigerung von Auskunft und Einsicht durch den Geschäftsführer gegenüber dem Gesellschafter kann die **fristlose Kündigung** Ihres Anstellungsvertrages rechtfertigen[15].

30

 Beispiel:

> Die Allein-Gesellschafterin einer GmbH verlangt Auskunft darüber, welchen Weg in bar abgehobene Rückvergütungszahlungen an Kunden genommen hätten. Auf die Verweigerung der Auskunft durch den Geschäftsführer reagiert die Gesellschafterin mit dem Hinweis, dass damit der Bestand des Dienstverhältnisses gefährdet sei. Das Gericht wertete dies als Abmahnung, auch wenn dies nicht ausdrücklich so benannt wird. Anschließend kündigt die Gesellschafterin dem Geschäftsführer fristlos. Das Gericht bestätigte die Kündigung.

5

Zur Wahrung des ordnungsgemäßen Betriebsablaufes ist bei der Wahrnehmung des Auskunfts- und Einsichtsersuchens sicherzustellen, dass der dafür in Anspruch genommene Aufwand in einem für alle Beteiligten vernünftigen Verhältnis steht. Als Geschäftsführer können Sie deshalb verlangen, dass das Informationsersuchen des Gesellschafters so präzise gefasst ist, dass damit der Informationszweck tatsächlich erfüllt werden kann. Ein präzises Auskunftsersuchen ist dem sachlichen Gegenstand, dem Umfang der Unterlagen und der zeitlichen Anforderung nach zu definieren. Ist der Umfang der angeforderten Informationen oder Unterlagen nicht klar, können Sie als Geschäftsführer Präzisierung verlangen. Oft ist in diesem Stadium bereits absehbar, dass sich Konflikte entwickeln, so dass Sie als Geschäftsführer frühzeitig alle anderen Gesellschafter über das Auskunftsersuchen informieren sollten.

31

Einsicht und Auskunft sind unverzüglich zu erteilen, d. h. ohne schuldhaftes Zögern, nicht aber sofort. Wenn die sofortige Erledigung zu einer unangemessenen Beeinträchtigung des Geschäftsbetriebes führen würde oder wenn ohnehin eine Beschlussfassung der Gesellschafter über das Auskunfts- und Einsichtsverlangen des Gesellschafters bevorsteht, genügt es jedoch, wenn Sie dem Verlangen innerhalb einer angemessenen Frist nachkommen.

32

> **Beispiel:** Der Geschäftsführer muss regelmäßig für Auskünfte oder Recherchen zur Verfügung stehen, so dass seine eigentlichen Aufgaben beeinträchtigt werden. Der Gesellschafter möchte Auskunft und Einsicht in Alles und Jedes, so dass ein tatsächlicher, geschäftlicher Informationsbedarf nicht mehr nachzuvollziehen ist.

Rechtlich nicht geklärt ist, welche Maßnahmen Sie als Geschäftsführer ergreifen können, wenn der Gesellschafter von seinem Auskunfts- und Einsichtsrecht in einer Form Gebrauch macht, dass der Betriebsablauf gestört und ein tatsächliches Erkenntnisinteresse nicht mehr zu unterstellen ist (sog. quereler Gesellschafter).

33

---

15   OLG Frankfurt, Urteil vom 24.11.1992, 5 U 67/90

In diesem Fall sollte der Geschäftsführer von seinem Hausrecht Gebrauch machen, und dem Geschäftsführer innerhalb einer fest vorgegebenen Zeit Unterlagen zur Verfügung zu stellen und Einsicht zu gewähren (z. B. 2 Stunden in der Woche zu festgelegten Tagen und Uhrzeiten).

34 Welche Grenzen der Gesellschafter laut neuester Rechtsprechung bei der Ausübung seines Auskunfts- und Einsichtsrechts beachten muss, ergibt sich aus einigen neueren Urteilen[16]. Danach müssen folgende Grenzen beachtet werden:

▪ Bei der Ausübung des Auskunfts- und Einsichtsrechts muss der Gesellschafter das schonendste Mittel zur Erfüllung seines Informationsbedürfnisses wählen.

▪ Ein Gesellschafter, der an der Gesellschafterversammlung nicht teilnimmt und nachträglich der Geschäftsführung ständig neue Fragen stellt, verhält sich rechtsmissbräuchlich.

▪ Der Begriff der „Angelegenheit der Gesellschaft" ist weit und umfassend zu verstehen und umfasst auch die Frage nach der Möglichkeit der Rückführung von Gesellschafterdarlehen und die Höhe der Geschäftsführervergütung.

F. Steuerpflichten

35 Der Geschäftsführer ist verantwortlich dafür, dass das Unternehmen seinen steuerlichen Pflichten nachkommt. Ausnahmsweise kann dies auch der faktische Geschäftsführer sein, z. B. wenn der eingetragene Geschäftsführer kaum Rechte hat und der beherrschende Gesellschafter „faktisch" die Geschäfte der GmbH führt. Die steuerlichen Pflichten des Geschäftsführers sind in der Abgabenordnung festgelegt[17].

36 Im Innenverhältnis können die Geschäftsführer einen für die Steuerpflichten verantwortlichen Geschäftsführer bestimmen. Nach außen bleiben aber alle Geschäftsführer gegenüber der Finanzverwaltung in der Pflicht. Der Geschäftsführer kann sich von den Steuerpflichten auch nicht dadurch befreien, dass andere Personen mit gleichen Befugnissen oder besseren Kenntnissen in der GmbH/Unternehmergesellschaft vorhanden sind oder beauftragt werden.

37 Der Geschäftsführer ist verpflichtet, die Steuererklärungsverpflichtung der Firma zu erfüllen. Dazu ist für die Abgabe folgender Steuererklärungen zu sorgen:

▪ die Körperschaftsteuererklärung (dazu gehören: der vollständige handelsrechtliche Jahresabschluss, Lagebericht und ggf. der Prüfungsbericht),

▪ die Umsatzsteuererklärung,

▪ die Gewerbesteuererklärung.

---

16 z. B. OLG Thüringen, Beschluss vom 14.09.2004, 6 W 417/04
17 § 34 AO

Der Geschäftsführer ist auch verantwortlich dafür, dass die GmbH ihre Steuerpflich-   **38**
ten, die für bestimmte nicht GmbH-spezifische Sachverhalte – entstehen, durch die
GmbH erfüllt werden: Das sind z. B. Grunderwerbsteuer (beim Erwerb von Grund-
besitz und Immobilien in Höhe von 3,5 %), Erbschaft- und Schenkungsteuer, aber
fallweise auch Sondersteuern wie Grundsteuer, Kfz-Steuer usw. Der Geschäftsführer
muss die Steuererklärungen persönlich unterschreiben. Die Unterschrift des steuerlichen Beraters genügt nicht. Neben den Steuererklärungen muss der Geschäftsführer
regelmäßig Steueranmeldungen abgeben. Das sind:

- die Umsatzsteuervoranmeldung,
- die Lohnsteueranmeldung und
- die Kapitalertragsteueranmeldung.

Der Geschäftsführer muss dafür sorgen, dass die Steueranmeldungen spätestens   **39**
10 Tage (nicht Werktage, sondern: Tage, also z. B. am 10. des Folgemonats) nach Ablauf des Anmeldezeitraums dem Finanzamt vorliegen. Seit 2005 müssen Steuer-An-
meldungen elektronisch durchgeführt werden. Die entsprechenden Formulare und
Ausführungsbestimmungen gibt es unter www.elster.de.

Werden Steuererklärungen nicht rechtzeitig abgegeben, kann das Finanzamt einen   **40**
Verspätungszuschlag festsetzen (1 % der Steuersumme für jeden angefangenen Monat,
max. 10 %). Kommt die GmbH ihren Steuerpflichten überhaupt nicht nach, kann das
Finanzamt Zwangsgeld gegen den Geschäftsführer festsetzen (bis zu 25.000 €). Das
Zwangsgeld wird zunächst schriftlich angedroht. Wird das Zwangsgeld an die GmbH
adressiert, sollte Widerspruch eingelegt werden. Kann der festgesetzte Betrag nicht bei-
getrieben werden, kann das Amtsgericht ersatzweise Zwangshaft gegen den Geschäftsführer androhen. Für den Geschäftsführer drohen auch strafrechtliche Folgen, wenn
die GmbH Steuererklärungen dem Finanzamt nicht vorlegt. In diesem Fall kann der
Tatbestand der Steuerhinterziehung gegeben sein, wenn dieses Verhalten zu Steuer-
minderungen führt. Bei nicht vorsätzlichem Handeln bedeutet dies eine leichtfertige
Steuerverkürzung, die als Ordnungswidrigkeit mit Geldbuße belegt ist[18].

G.   Der Jahresabschluss im GmbH-Konzern

GmbH-Tochtergesellschaften sind rechtlich selbständige Unternehmen und müssen   **41**
einen handels- und steuerrechtlichen Jahresabschluss erstellen – je nach Größe be-
stehend aus Bilanz, Gewinn- und Verlustrechnung, Anhang und Lagebericht. In der
Regel wird im Konzern ein konsolidierter Jahresabschluss erstellt und veröffentlicht –
darin fließen die Einzelabschlüsse aller Konzernunternehmen ein. Grundlage des konsolidierten Konzernabschlusses ist der Jahresabschluss des Tochterunternehmens –

---

18   § 370 AO

hier ist der Geschäftsführer zuständig für die ordnungsgemäße Buchführung und die Erstellung des Jahresabschlusses der Tochter-GmbH.

42   Nach Handelsrecht werden Unternehmen in der Rechtsform GmbH je nach Größe unterschiedlich behandelt. Man unterscheidet kleine, mittelgroße und große Kapitalgesellschaften.

Unternehmens-Größenklassen[19]

kleine Kapitalgesellschaft	Bilanzsumme bis 4.840.000 €
	Umsatzerlöse bis 9.680.000 €
	Mitarbeiter bis 50
mittelgroße Kapitalgesellschaft	Bilanzsumme bis 19.250.000 €
	Umsatzerlöse bis 38.500.000 €
	Mitarbeiter 51–250
große Kapitalgesellschaft	Bilanzsumme mehr als 19.250.000 €
	Umsatzerlöse mehr als 38.500.000 €
	Mitarbeiter mehr als 250

43   Für kleine, mittelgroße und große GmbH gelten unterschiedliche Anforderungen hinsichtlich der Rechnungslegung, der Prüfung und der Publizität[20]. Große Kapitalgesellschaften müssen einen Jahresabschluss (Bilanz, GuV, Anhang) und einen Lagebericht aufstellen und prüfen zu lassen. Jahresabschluss, Lagebericht, Vorschlag für sowie Beschluss über die Ergebnisverwendung und der Bestätigungsvermerk oder der Vermerk über dessen Versagung sind im elektronischen Unternehmensregister bekannt zu machen. Wurde zwischen der Konzern-Obergesellschaft und der Tochter-GmbH ein Gewinnabführungsvertrag geschlossen, ist der Gewinn gemäß den vertraglichen Vereinbarungen abzuführen.

44   Für mittelgroße Kapitalgesellschaften gelten Erleichterungen: Sie müssen lediglich eine verkürzte Gewinn- und Verlustrechnung aufstellen. Umsatzerlöse können mit bestimmten Aufwendungen saldiert werden. Der Anhang kann in verkürzter Form aufgestellt werden. Zusätzliche Erleichterungen gelten für die Offenlegung. Es sind lediglich die verkürzte Bilanz und der zusätzlich verkürzte Anhang offen zu legen. Noch weitergehende Erleichterungen gelten für kleine Kapitalgesellschaften:

---

19   gemäß § 267 HGB
20   vgl. dazu § 267 ff. HGB

- Aufstellung einer stark verkürzten Bilanz[21]
- Aufstellung eines stark verkürzten Anhangs[22]
- Es entfallen[23]: Aufstellung eines Anlagengitters, Erläuterung bestimmter Forderungen im Anhang, Erläuterung bestimmter Verbindlichkeiten im Anhang, der gesonderte Ausweis eines Disagios, Erläuterungen der Kosten für Ingangsetzung und Erweiterung des Geschäftsbetriebes, Erläuterungen zu außerordentlichen Aufwendungen und Erträgen
- Keine Abschlussprüfung
- ein Lagebericht ist nicht aufzustellen
- Die Gewinn- und Verlustrechnung ist nicht offenzulegen[24]
- Der Jahresabschluss muss im elektronischen Unternehmensregister veröffentlicht werden. Ausnahme: Im Konzern genügt der Verweis auf die Veröffentlichung des konsolidierten Konzern-Abschlusses.

> Beispiel: Gliederung der Bilanz der kleinen Kapitalgesellschaft[25]

Aktiva	Passiva
A. Anlagevermögen	**A. Eigenkapital**
I. Immaterielle Vermögensgegenstände	I. Gezeichnetes Kapital
II. Sachanlagen	II. Kapitalrücklage
III. Finanzanlagen	III. Gewinnrücklagen
B. Umlaufvermögen	IV. Gewinnvortrag/ Verlustvortrag
I. Vorräte	V. Jahresüberschuss/ Jahresfehlbetrag
II. Forderungen und sonstige Vermögensgegenstände	**B. Rückstellungen**
III. Wertpapiere	**C. Verbindlichkeiten**
IV. Kassenbestand, Bundesbank-Guthaben, Guthaben bei Kreditinstituten und Schecks	**D. Rechnungsabgrenzungsposten**
C. Rechnungsabgrenzungsposten	

---

21   § 266 HGB
22   § 288 HGB
23   274a HGB
24   § 326 HGB
25   § 266 HGB

45 Der Konzernabschluss ist ein Jahresabschluss, der mit dem Jahresabschluss nach Handelsrecht vergleichbar ist. Darin werden die Jahresabschlüsse der einzelnen Tochterunternehmen zu einem einheitlichen Jahresabschluss des Mutterunternehmens zusammengefasst.

46 Die Einzelvorschriften zur Aufstellung eines Konzernabschlusses regelt das HGB[26]. Danach müssen die Geschäftsführer der Konzern-Obergesellschaft in den ersten **5 Monaten** des Geschäftsjahrs für das vergangene Konzerngeschäftsjahr einen Konzernabschluss und einen Konzernlagebericht aufzustellen, wenn diese auf ein anderes Unternehmen (Tochterunternehmen) unmittel- oder mittelbar einen beherrschenden Einfluss ausüben kann.

47 Ist das Mutterunternehmen eine Kapitalgesellschaft, muss der Konzernabschluss und der Konzernlagebericht in den ersten **4 Monaten** des Konzerngeschäftsjahrs für das vergangene Konzerngeschäftsjahr aufgestellt werden.

48 Beherrschenden Einfluss hat die Konzern-Obergesellschaft, wenn

- sie bei einem anderen Unternehmen die Mehrheit der Stimmrechte der Gesellschafter hat,
- ihr bei einem anderen Unternehmen das Recht zusteht, die Mehrheit der Mitglieder des die Finanz- und Geschäftspolitik bestimmenden Verwaltungs-, Leitungs- oder Aufsichtsorgans zu bestellen oder abzuberufen, und sie gleichzeitig Gesellschafter ist,
- Ihr das Recht zusteht, die Finanz- und Geschäftspolitik auf Grund eines mit einem anderen Unternehmen geschlossenen Beherrschungsvertrages oder auf Grund einer Bestimmung in der Satzung des anderen Unternehmens zu bestimmen, oder
- wenn sie bei wirtschaftlicher Betrachtung die Mehrheit der Risiken und Chancen eines Unternehmens trägt, das zur Erreichung eines eng begrenzten und genau definierten Ziels des Mutterunternehmens dient (Zweckgesellschaft).

49 Ein Mutterunternehmen ist von der Pflicht, einen Konzernabschluss und einen Konzernlagebericht aufzustellen, befreit, wenn es nur Tochterunternehmen hat, die nicht in den Konzernabschluss einbezogen werden müssen[27]. Nicht alle Konzerne sind verpflichtet, einen Konzernabschluss zu erstellen. Im HGB sind die Bedingungen[28] dazu genannt, um vom Konzernabschluss befreit zu werden.

50 Der Konzernabschluss besteht aus der Konzernbilanz, der Konzern-Gewinn- und Verlustrechnung, dem Konzernanhang, der Kapitalflussrechnung und dem Eigenkapitalspiegel. Er ist unter Beachtung der Grundsätze ordnungsmäßiger Buchführung aufzustellen und muss ein den tatsächlichen Verhältnissen entsprechendes Bild der

---

26   § 290 HGB
27   gemäß § 296 HGB
28   § 293 HGB

Vermögens-, Finanz- und Ertragslage des Konzerns vermitteln. Führen besondere Umstände dazu, dass der Konzernabschluss ein den tatsächlichen Verhältnissen entsprechendes Bild nicht vermittelt, so sind im Konzernanhang zusätzliche Angaben zu machen. Die gesetzlichen Vertreter eines Mutterunternehmens müssen die Einhaltung dieser Vorgaben mit ihrer Unterzeichnung schriftlich versichern.

Im Konzernabschluss ist die Vermögens-, Finanz- und Ertragslage der einbezogenen **51** Unternehmen so darzustellen, als ob diese Unternehmen insgesamt ein einziges Unternehmen wären. Die auf den vorhergehenden Konzernabschluss angewandten Konsolidierungsmethoden sind beizubehalten. Abweichungen sind in Ausnahmefällen zulässig. Sie sind im Konzernanhang anzugeben und zu begründen. Im Konzernabschluss werden die Unternehmen zu einem fiktiven, einheitlichen Unternehmen zusammengefasst. Dafür müssen innere Verflechtungen herausgerechnet werden. Das geschieht mittels folgender Konsolidierungen:

- **Kapitalkonsolidierung:** Verrechnung der Beteiligungen des Mutterunternehmens mit dem Eigenkapital der Tochterunternehmen. Hierbei gibt es verschiedene Bewertungsmethoden, wobei die gängigste die Erwerbsmethode ist.

- **Zwischenerfolgseliminierung:** Konzerninterne Lieferungen und Leistungen werden herausgerechnet. Damit wird sichergestellt, dass nur tatsächlich im Markt realisierte Gewinne im Konzernabschluss enthalten sind. Gewinne aus Geschäften von den Tochtergesellschaften untereinander werden herausgerechnet.

- **Schuldenkonsolidierung:** Konzerninterne Verbindlichkeiten und Forderungen werden herausgerechnet.

- **Aufwands- und Ertragskonsolidierung:** Erträge und Aufwände von Tochtergesellschaften werden im Konzern gegeneinander verrechnet. Durch die Verrechnung wird die Konzern-GuV um solche Beträge bereinigt.

Da die Einzelabschlüsse der Tochterunternehmen durch die Verflechtungen innerhalb **52** des Konzerns eine eingeschränkte Aussagekraft haben, soll der Konzernabschluss eine objektivere Darstellung der Konzernlage geben. Dem Adressaten soll eine objektive, ganzheitliche Analyse der Vermögens-, Finanz- und Ertragslage ermöglicht werden. Durch die Konsolidierungen hat der Konzernabschluss nur einen informativen Charakter. Offenlegung des Jahresabschlusses im Konzern. In diesen Fällen sieht der Eintragvermerk im elektronischen Unternehmensregister dann wie folgt aus:

MUSTER GmbH + Co. KG

Bekanntmachung nach 264b Nr. 3 HGB zum Geschäftsjahr vom 01.01.2009 bis zum 31.12.2010

Die Gesellschaft macht von der Inanspruchnahme der Befreiungsmöglichkeit des § 264 b Nr. 3 HGB betreffend die Offenlegung des Jahresabschlusses und des Lageberichtes für den Jahresabschluss des Geschäftsjahres 2009/10 Gebrauch. Die Gesellschaft ist in den Konzernabschluss der MASTER GmbH + Co. zum 31.12.2010 einbezogen, der im elektronischen Bundesanzeiger gemäß § 325 HGB offen gelegt ist.

Freiburg im Breisgau, Dezember 2011, MUSTER GmbH & Co. KG, Geschäftsführung
In der Regel wird der Geschäftsführer einer Tochter-GmbH, deren Rechnungslegung in der Konzernzentrale erledigt wird bzw. deren Jahresabschluss in den Konzernabschluss einbezogen ist, in die Aufstellung, Feststellung und Offenlegung des Jahresabschlusses kontinuierlich informiert und einbezogen. Das gilt auch für die termingerechte Offenlegung.

53 Tochterunternehmen in der Rechtsform einer GmbH brauchen ihre Jahresabschlussunterlagen nur dann nicht zu veröffentlichen, wenn das Mutterunternehmen zur Aufstellung eines Konzernabschlusses[29] verpflichtet ist. Das ist der Fall, wenn

1. dazu die Zustimmung aller Gesellschafter des Tochterunternehmens (Befreiungsbeschluss) vorliegt und der Befreiungsbeschluss im Bundesanzeiger angezeigt ist,
2. wenn das Mutterunternehmens im Bundesanzeiger bekannt macht, dass die Befreiung für die Tochter-GmbH in Anspruch genommen wird,
3. wenn die Tochter-GmbH in den Konzernabschluss der Mutter einbezogen wird und dieser Abschluss im Bundesanzeiger veröffentlicht wird.
4. wenn auf die Befreiung des Tochterunternehmens im Anhang des veröffentlichten Konzernabschlusses der Muttergesellschaft verwiesen wird und
5. sofern eine gesetzliche Verpflichtung des Mutterunternehmens zur Verlustübernahme oder die freiwillige Verpflichtung zur Verlustübernahme besteht. Die freiwillige Verlustübernahmeverpflichtung ist im Bundesanzeiger zu veröffentlichen.

54 Nur wenn **alle** genannten Voraussetzungen erfüllt sind, ist die Tochter-GmbH von der eigenen Pflichtveröffentlichung des Jahresabschlusses befreit.

Dennoch sollte sich der Geschäftsführer persönlich über die ordnungsgemäße Erfüllung der Offenlegungspflichten „seiner" GmbH im elektronischen Unternehmensregister versichern. Die Veröffentlichung finden Sie unter www.unternehmensregister.de>zurDetailsuche>Rechnungslegung/Finanzberichte>Eingabe der Firma, Ort bzw. HR-Nummer.

H.   Innerbetriebliche Verrechnungspreise

55 Innerhalb eines Unternehmens-Verbundes müssen die internen Verrechnungspreise dem Finanzamt gegenüber glaubhaft gemacht werde. Das bedeutet: Sie müssen dokumentieren, warum Sie welche Preise intern ansetzen. Welche Methoden werden von den Finanzämtern anerkannt?

■ Für Produkte, für die es keine Markt-Vergleichs-Preise gibt (z. B. Halbfertigfabrikate) wird die sog. Kostenaufschlagmethode angewandt. Basis sind die eigenen Pro-

---

29   § 290 HGB

duktionskosten (Vollkosten). Darauf wird ein bestimmter Prozentsatz als Unternehmermarge aufgerechnet. Die Spanne muss dem Branchenvergleich standhalten.

▨ Gibt es je nach Lieferland unterschiedliche Verkaufspreise, wird die Wiederverkaufspreismethode angewandt. Ausgangspreis ist der Preis, der im jeweiligen Land erzielt werden kann. Davon wird noch eine Unternehmermarge abgezogen. Damit wird je nach Land mit unterschiedlichen Preisen gerechnet.

Produzieren Sie in mehreren selbständigen Unternehmenseinheiten, in ausländischen Betriebsstätten oder Tochtergesellschaften, müssen Sie alle internen Kalkulationen zur Ermittlung der Verrechnungspreise vollständig dokumentieren[30]. Wollen Sie sicher gehen und keine Auseinandersetzungen mit den in- und ausländischen Finanzbehörden riskieren, können die Preise vorab mit den Finanzbehörden per Advancce Pricing Agreement abgeklärt werden.

Konzerninterne Lieferungen in Europa können Sie vorab per Advance Pricing Agreement (APA) im Hinblick auf ihre steuerlichen Auswirkungen prüfen lassen – und zwar vorab. Vorteil: Bei Verrechnungen innerhalb ihrer Unternehmensgruppe können Sie davon ausgehen, dass es bei einer anschließenden Betriebsprüfung nicht mehr zu steuerlichen Auseinandersetzungen und sogar Steuernachforderungen kommen wird. Aber auch Doppelbesteuerungen durch ausländische Finanzbehörden können damit rechtssicher ausgeschlossen werden. Nachteil: Sie sind an das Agreement weitgehend gebunden und können Ihre Verrechnungspreise nicht mehr spontan an Marktsituationen anpassen.   56

Das Verfahren: 57

▨ Zunächst wird beim Bundeszentralamt für Steuern (BZSt) einen Termin für ein Vorgespräch beantragt, in dem Gegenstand und Inhalt des APA abgestimmt werden.

▨ Anschließend stellen Sie schriftliche APA-Anträge bei den beteiligten in- und ausländischen Steuerbehörden. Dazu sind je nach Vorgang verschiedene Unterlagen bereitzustellen.

▨ Kosten: Grundgebühr 20.000 EUR für ein APA bzw. die Verlängerungs-(15.000 EUR) und Veränderungsgebühr (10.000 EUR).

Das Verfahren erhöht die Rechtssicherheit und verhindert Doppelbesteuerungen. Aber: Das Verfahren ist teuer und bindet Sie in Ihrem Pricing. Außerdem müssen Sie u. U. sensible Unternehmensdaten offen legen. Das Bundesfinanzministerium hat zum APA-Verfahren ein ausführliches Merkblatt herausgegeben, in dem alle Einzelheiten zur Durchführung und zur rechtlichen Reichweite ausführlich erläutert sind[31].

---

30   BMF-Schreiben vom 12.4.2005 Az: IV B 4 – S 1341 – 1/05
31   BMF-Schreiben vom 5.10.2006, IV B 4 – S 1341 – 38/06 zur sog. Gewinnabgrenzungsaufzeichnungs-verordnung (GAuzV). Das Merkblatt im Volltext gibt es im Internet unter: http://www.bzst.bund.de/003_menue_links/017_apa/201_merkblatt/001_apa_merkblatt.pdf

I. Die GmbH in der wirtschaftlichen Krise

58 Kennzahlen sind aufschlussreich und wichtig. Sie informieren objektiv und zeitnah. Informative Controlling-Instrumente fördern kleine und kleinste Veränderungen zu Tage. Zeitnah aktuell, manchmal mit leichter Verzögerung. Auf jeden Fall so, dass eine bevorstehende Krise der GmbH frühzeitig erkannt wird. Noch genauer ahnen und wissen die Geschäftsführer der krisengefährdeten GmbH, dass etwas nicht in Ordnung ist. Die Tagesumsätze gehen zurück, ausstehende Forderungen müssen abgeschrieben werden, Aufträge bleiben aus. Auf die ersten Anzeichen gibt es zwei mögliche Reaktionen: Viele Geschäftsführer neigen dazu, die Anzeichen zu ignorieren, zu verdrängen, zu vertuschen. Andere neigen zur Überreaktion und beschließen voreilig den Gang in ein Insolvenzverfahren. Beide Reaktionen bergen enorme wirtschaftliche Risiken:

- Wer die Krise „verdrängt", verschlechtert Tag für Tag des Nicht-Handelns die eigene Ausgangssituation für erfolgreiches Gegensteuern und eine wirkliche Sanierung.

- Wer voreilig in das Insolvenzverfahren flüchtet, riskiert, dass Stammkunden zur Konkurrenz wechseln, Banken abspringen und Zulieferer neue Konditionen durchsetzen.

59 Das Problem ist also meist nicht die verspätete Wahrnehmung der Krise durch die Geschäftsführung, sondern die verzögerte und falsche Reaktion des Unternehmens auf erste Krisenanzeichen. Zusätzliche Probleme entstehen, wenn die Geschäftsführung die innerbetrieblichen Frühwarnsysteme manipuliert. Abgesehen davon, dass damit für den weiteren Krisenverlauf haftungs- und strafrechtlich relevante Tatbestände geschaffen werden, wird dabei übersehen, dass externe Dritte, Mitarbeiter und nicht zuletzt die Banken solche Manipulationen schneller erkennen als die Initiatoren dies ahnen und dass für den Betrieb schädliche Auswirkungen trotz der vermeintlichen „Verdrängung" eintreten (Kündigungen von wichtigen Führungskräften).

> Machen Sie sich nichts vor. Sie wissen genau, wann Ihre GmbH in die Krise steuert. Gehen Sie offensiv damit um. Legen Sie die Zahlen schonungslos auf den Tisch und besprechen Sie diese mit den Gesellschaftern, mit Ihrem Steuerberater, mit den Ressortleitern und mit Ihrem Bankberater.

60 Als Geschäftsführer sind Sie verpflichtet, rechtzeitig Insolvenzantrag zu stellen[32]. Verstoßen Sie gegen diese sog. Insolvenzantragspflicht, haften Sie für den daraus entstandenen Schaden. Laut BGH gilt: *„Die Neugläubiger haben bei Verstoß gegen die Insolvenzantragspflicht einen Anspruch gegen den Geschäftsführer auf Ausgleich des Schadens, der ihnen dadurch entsteht, dass sie in Rechtsbeziehungen zu einer überschuldeten oder zahlungsunfähigen GmbH getreten sind"*[33].

---

32 § 64 GmbH-Gesetz
33 BGH, Urteil vom 14.5.2012, II ZR 130/10

Der Schaden umfasst damit alle Kosten (Z. B. auch die Kosten für die Löhne, die dem Neugläubiger entstanden sind, Kosten für zusätzlich bezogene aber unbrauchbar gewordene Waren, Reisetätigkeiten, Spesen usw.) Auch der entgangene Gewinn kann Teil des Schadens sein. Dazu wird aber der Einzelfall besonders geprüft[34]. Haben Sie Anhaltspunkte dafür, dass ein Insolvenzgrund vorliegen könnte (Überschuldung, Illiquidität, auch: drohende Zahlungsunfähigkeit) sollten Sie sich bei neuen Geschäftsabschlüssen und bei der Aufnahme von Geschäftsbeziehungen zu neuen Lieferanten (Neugläubiger) und den Steuerberater mit der Prüfung des Vermögens- bzw. Liquiditätsstatus beauftragen.

5

---

34   so z. B. BGH, urteil vom 27.4.2009, II ZR 253/07

§ 6 Beendigung der Zusammenarbeit

1   Ob Altersbedingt, nach Ablauf und Nicht-Verlängerung des Anstellungsvertrages oder nach einer außerordentlichen Kündigung im Konflikt zwischen den Gesellschaftern und dem Geschäftsführer, mit dem Ende der Zusammenarbeit sind zahlreiche rechtliche Besonderheiten zu beachten. Dabei ist das Verfahren umso einfacher, je klarer, eindeutiger und vollständiger die Beendigung der Zusammenarbeit bereits in den Vereinbarungen des Anstellungsvertrages geregelt wurde[1].

2   Je nach gesonderter Vereinbarung ist zu unterscheiden:

- die Beendigung der Zusammenarbeit zum vereinbarten Vertragsende
- die Beendigung der Zusammenarbeit durch Abberufung und eine ordentliche Kündigung
- die Beendigung der Zusammenarbeit durch Abberufung und eine außerordentliche Kündigung
- die Beendigung der Zusammenarbeit durch Amtsniederlegung

3   In diesen Fällen sind jeweils unterschiedliche rechtliche Regelungen zu beachten. Zum einen wird der Geschäftsführer aus seinem Amt abberufen. Zum anderen endet sein Anstellungsverhältnis mit seinem Arbeitgeber „GmbH".

A.   Beendigung der Zusammenarbeit zum vereinbarten Vertragsende

4   Rechtlich ist dies der einfachste Fall der Beendigung der Zusammenarbeit zwischen dem Geschäftsführer und seinem Arbeitgeber. Es gelten die Vereinbarungen aus dem Anstellungsvertrag. Das ist

- entweder ein fixes Datum, zu dem die Zusammenarbeit beendet wird, z. B. ... nach fünf Jahren zum 31.12.2012.
- oder zum Erreichen einer bestimmten Altersgrenze, z. B. ... Mit Erreichen des 63./65./67. Lebensjahres.

5   Diese Vorgaben sind verbindlich. Unabhängig davon besteht die Möglichkeit, dass sich die Vertragsparteien auf eine Fortsetzung der Zusammenarbeit einigen. Das kann mit einer einfachen Zusatzklausel geschehen (*„Der Anstellungsvertrag vom 31.1.2010 wird zu unveränderten Bedingungen bis zum 31.12.2015 verlängert"*). Zuständig für

---

1   Vgl. dazu die Ausführungen unter § 2

L. Volkelt, *Kompakt Edition: Geschäftsführer im Konzern*,
DOI 10.1007/978-3-658-03207-4_6, © Springer Fachmedien Wiesbaden 2014

Änderungen bzw. eine Fortsetzung des Anstellungsvertrages ist die Gesellschafterversammlung der GmbH – im Tochterunternehmen ist dazu in der Regel die Geschäftsführung des Mutterunternehmens befugt.

Gibt es neben der beherrschenden Organ-Muttergesellschaft noch weitere Gesellschafter, sollte sich der Geschäftsführer vor der Verlängerung seines Anstellungsvertrages davon überzeugen, dass ein entsprechender Gesellschafterbeschluss gefasst wird. Dann ist sichergestellt, dass die Änderung des Anstellungsvertrages wirksam ist.

B.   Abberufung des Geschäftsführers

Die Abberufung des Geschäftsführers ist **jederzeit** möglich[2]. Die Abberufung ist dem Handelsregister durch die verbleibenden, vertretungsberechtigten Geschäftsführer zu melden. Berufen die Gesellschafter den einzigen Geschäftsführer ab und können diese sich nicht auf die Berufung eines neuen Geschäftsführers einigen, bestellt das Amtsgericht auf Antrag der Gesellschafter einen Not-Geschäftsführer, der dann die Abberufung des Geschäftsführers dem Handelsregister meldet.   **6**

Die Abberufung kann im Gesellschaftsvertrag auf wichtige Gründe beschränkt werden, sie kann vertraglich aber nicht ausgeschlossen werden. Der Gesellschafter, der ein Sonderrecht zur Geschäftsführung hat, kann grundsätzlich nur aus wichtigem Grund abberufen werden. Die Abberufung beendet nur ausnahmsweise den Anstellungsvertrag des Geschäftsführers. Dieser muss gesondert beendet werden.   **7**

Der Beschluss zur Abberufung des Geschäftsführers erfolgt mit einfacher Mehrheit. Bei der ordentlichen Abberufung darf der Gesellschafter-Geschäftsführer mitstimmen. Bei einer Abberufung aus wichtigem Grund darf der Gesellschafter-Geschäftsführer nicht mitstimmen[3], das betrifft auch den Geschäftsführer der Tochter-GmbH sofern er selbst eine (Mini-) Beteiligung an der GmbH hält. Nach der Beschlussfassung durch die Gesellschafter ist die Abberufung grundsätzlich wirksam. Mit der Anfechtungsklage kann die Unwirksamkeit gerichtlich festgestellt werden.   **8**

C.   Kündigung des Anstellungsvertrages

Der Geschäftsführer wird für die GmbH im Rahmen dieses Anstellungsverhältnisses im Innenverhältnis tätig. Darin werden alle Rechte und Pflichten festgelegt. Bei entgeltlicher Tätigkeit des Geschäftsführers handelt es sich um einen Geschäftsbesorgungsvertrag[4], auf den die Regeln eines Dienstvertrages Anwendung finden. Wird der   **9**

---

2   § 38 Abs. 1 GmbHG
3   § 47 Abs. 4 GmbHG
4   BAG NJW 1995, 675; §§ 611 bis 630 BGB

Geschäftsführer (die Geschäftsführung) unentgeltlich tätig, handelt es sich um ein Auftragsverhältnis[5]. GmbH-Geschäftsführer sind nach allgemeiner Auffassung keine Arbeitnehmer[6]. Es finden keine Anwendung für Sie als GmbH-Geschäftsführer:

- der Kündigungsschutz[7]
- die Rechte der Arbeitnehmer gemäß Betriebsverfassungsgesetz[8]
- die Rechte der leitenden Angestellten[9]
- das arbeitsgerichtliche Verfahren[10]
- die Vorschriften des Mitbestimmungsgesetzes[11]

10 Für Streitigkeiten aus dem Geschäftsführer-Anstellungsvertrag sind regelmäßig die **ordentlichen Gerichte** (Amtsgericht, LG) zuständig. Nur ausnahmsweise kann das Arbeitsgericht zuständig sein. Das Bundesarbeitsgericht[12] behandelt den GmbH-Geschäftsführer ausnahmsweise als Arbeitnehmer, wenn die konkrete Vertragsgestaltung seine Befugnisse außergewöhnlich stark einschränkt bzw. er stark persönlich abhängig ist. Das ist der Fall, wenn Sie als GmbH-Geschäftsführer regelmäßig einem bezüglich Zeit, Dauer, Art und Ort der Ausführung seiner Tätigkeit umfassenden Direktionsrecht unterliegen.

> Enthält der Anstellungsvertrag ausführliche Vorschriften bezüglich Zeit, Dauer, Art und Ort der Tätigkeit (z. B. Arbeitszeiten, Dienstort, Auswahl der zustimmungspflichtigen Geschäfte) bzw. erteilen die Gesellschafter regelmäßig entsprechende Weisungen an Sie, berufen Sie sich im Falle einer Abberufung bzw. Kündigung des Geschäftsführer-Anstellungsvertrages auf Ihre (arbeitnehmerähnliche) Stellung als Arbeitnehmer. Folge: Das örtliche Arbeitsgericht ist zuständig. Die Kündigung ist erschwert, da das Kündigungsschutzgesetz im Regelfall Anwendung findet. So können Sie bei gütlicher Einigung eine höhere Abfindungszahlung durchsetzen – die Arbeitsgerichte sind tendenziell „arbeitnehmerfreundlich".

11 Zuständig für den Abschluss des Geschäftsführer-Anstellungsvertrages ist in der Regel die Gesellschafterversammlung[13]. Der Gesellschaftsvertrag kann diese Aufgabe einem anderen Organ übertragen (Beirat). Für unter das Mitbestimmungsgesetz 1976 fallende GmbH ist der Aufsichtsrat für den Abschluss und für die Änderung des Anstellungsvertrags des Geschäftsführers zwingend zuständig[14].

---

5 §§ 662 ff. BGB
6 BGHZ 79, 291
7 § 14 Abs. 1 Nr. KSchG
8 § 5 Abs. 2 Nr. 1 BetrVG
9 § 1 Abs. 1 SprAuG
10 § 5 Abs. 1 Satz 3 ArbGG
11 § 3 Abs. 1 Satz 1 MitbestG
12 BAGE 39, 16
13 § 46 Nr. 5 GmbHG
14 § 31 MitbestG

Ein Anstellungsverhältnis zwischen der GmbH und dem Geschäftsführer entsteht auch dann, wenn kein schriftlicher Vertrag abgeschlossen wird. Auch durch mündliche Vereinbarung oder die tatsächliche Durchführung des Anstellungsverhältnisses entsteht ein wirksamer Vertrag, den Sie im Konfliktfall gerichtlich durchsetzen können.

Die ordentliche Kündigung wird durch Beschluss der Gesellschafterversammlung mit einfacher Mehrheit (sofern keine andere Mehrheit vereinbart!) ausgesprochen. Der betroffene Geschäftsführer behält dabei sein Stimmrecht, solange es sich nicht um eine fristlose Kündigung aus wichtigem Grund handelt. Die Kündigungsfrist richtet sich nach den Bestimmungen des Anstellungsvertrages.   **12**

Sind hier keine Fristen genannt gelten die gesetzlichen Kündigungsfristen, das sind vier Wochen zum 15. eines Monats oder zum Monatsende (§ 622 Abs. 1 BGB). Bei einer Beschäftigungsdauer von zwei Jahren beträgt die Frist einen Monat zum Monatsende, bei einer Beschäftigungsdauer von fünf Jahren beträgt sie zwei Monate zum Monatsende. In der Staffelung von 8, 10, 12, 15 und 20 Jahre erhöht sich die Kündigungsfrist um jeweils einen Monat (§ 622 Abs. 2 BGB).   **13**

Die außerordentliche Kündigung ist immer fristlos. Sie ist nur wirksam, wenn ein wichtiger Grund vorhanden ist. Dieser kann sich aus den Voraussetzungen im Anstellungsvertrag ergeben oder aus faktischen Verhältnissen (grob fahrlässige Pflichtverstöße). Die Kündigung wird von der Gesellschafterversammlung beschlossen. Der betroffene Geschäftsführer hat kein Stimmrecht.   **14**

Wichtige Gründe können nicht Gründe sein, die den Gesellschaftern bei der Bestellung des Geschäftsführers schon bekannt waren. Die Kenntnis eines Mit-Gesellschafters über einen kündigungsrelevanten Sachverhalt reicht dazu allerdings nicht aus. Die Abberufung des Geschäftsführers alleine ist kein wichtiger Grund, der eine außerordentliche Kündigung rechtfertigt.   **15**

Erfüllt der Geschäftsführer bereits die Voraussetzungen, die laut Anstellungsvertrag einen wichtigen Grund zur Kündigung darstellen (wettbewerbliche Tätigkeit im Rahmen eines bestimmten Projektes, Nebentätigkeiten), dann sollte er alle Gesellschafter frühzeitig von diesem Sachverhalt unterrichten (nachweislich mit Protokollnotiz). Schließen die Gesellschafter den Anstellungsvertrag dann dennoch ab, können Sie sich auf diesen Grund zum Ausspruch einer fristlosen Kündigung nicht mehr berufen.

Wichtige Gründe für eine Kündigung des Geschäftsführer-Anstellungsvertrages aus Sicht der Gesellschafter: Verdacht auf betrügerisches Verhalten, Ausnutzung geschäftlicher Möglichkeiten für private Interessen, Betriebsstilllegung, Annahme von Schmiergeldern, Handeln ohne vorgeschriebene Zustimmung der Gesellschafter. Wichtige Gründe für eine Kündigung des Geschäftsführer-Anstellungsvertrages aus Sicht des Geschäftsführers: **16**

- unberechtigte Vorwürfe durch Mit-Geschäftsführer, die eine Amtsausübung unzumutbar machen

- Gesetzeswidrige Weisungen der Gesellschafter
- Widerruf der Bestellung
- Einschränkung wesentlicher Kompetenzen

17   Die Kündigung aus wichtigem Grund muss spätestens innerhalb von zwei Wochen nach Kenntnis des Kündigungsgrundes ausgesprochen werden (§ 626 Abs. 2 BGB). Jede neue Tatsache, die eine außerordentliche Kündigung rechtfertigt, setzt die Zwei-Wochen-Frist wieder in Gang. Die Frist beginnt mit Kenntnis der Gesellschafterversammlung von den Kündigungsgründen. Der einzelne Gesellschafter hat sein Wissen über mögliche Kündigungsgründe den übrigen Gesellschaftern unverzüglich mitzuteilen.

18   Vorsicht bei folgender Vereinbarung im Geschäftsführer-Anstellungsvertrag: „Der Anstellungsvertrag ist jederzeit aus wichtigem Grund fristlos kündbar. Ein wichtiger Grund liegt vor, wenn… der Geschäftsführer aus der GmbH ausscheidet". Dazu ist zu beachten:

- Diese Klausel wird oft für den Gesellschafter-Geschäftsführer verwendet. Scheidet der Geschäftsführer als Gesellschafter der GmbH aus (also: Veräußerung des GmbH-Anteils), so ist dies ein Grund für eine fristlose Abberufung als Geschäftsführer.
- Wird diese Klausel für den Fremd-Geschäftsführer verwendet, ist sie wirkungslos. Denn: Der Fremd-Geschäftsführer verfügt ohnehin über keine Beteiligung. Wird er als Geschäftsführer aus seinem Amt abberufen, so liegt darin kein „Ausscheiden aus der GmbH".

19   Der Gesellschafter-Geschäftsführer muss sich bei Vereinbarung dieser Klausel darüber im Klaren sein, dass er bei Abgabe (Verkauf, Schenkung, Vererbung) seines Anteils fristlos gekündigt werden kann.

20   Mit der Zahl der Unternehmensübernahmen steigen die Rechtsstreitigkeiten zwischen dem amtierenden Geschäftsführer und den neuen Gesellschaftern. Da meist ein neues Management angestrebt wird, einigt man sich mit dem bisherigen Geschäftsführer in aller Regel über einen Aufhebungsvertrag, mit einer entsprechenden Abfindungsregelung und ggf. einem nachvertraglichen Wettbewerbsverbot. Laut Rechtsprechung[15] dürfen im **neu entstandenen Konzern dem nicht mehr ausgelasteten Geschäftsführer neben einer reduzierten Geschäftsführer-Tätigkeit zusätzlich auch sachbearbeitende Tätigkeiten zugewiesen werden, womit ein Aufhebungsvertrag bzw. eine Kündigung überflüssig wird.** Eine hartnäckige Weigerung, solche Tätigkeiten auszuführen, rechtfertigt danach eine außerordentliche Kündigung des bestehenden Geschäftsführer-Anstellungsvertrages.

---

15   OLG Nürnberg, Urteil vom 9.6.1999, 12 U 4408/98

In der Praxis üblich sind Abfindungsvereinbarungen, wenn der ehemalige, langjährige 21 Angestellte zum Geschäftsführer berufen wird und bei der Aufhebung des ursprünglichen Anstellungsvertrages auf bereits erworbene Arbeitnehmerrechte verzichtet. Im Gegenzug wird diesem dann zur persönlichen Absicherung eine Abfindung angeboten. Diese beträgt in der Regel 1/12 des Jahresgehaltes für jedes Tätigkeitsjahr. Für den Fall der Abberufung aus wichtigem Grund darf keine Abfindungszahlung vereinbart werden. Eine solche Vereinbarung ist nicht wirksam[16]. Sie können sich also nicht darauf verlassen, dass Sie bei einer Abberufung aus wichtigem Grund eine gewisse finanzielle Sicherheit haben – die GmbH braucht nicht zu zahlen. Sinnvoller ist es hier, gerichtlich prüfen zu lassen, ob tatsächlich ein wichtiger Grund für eine Abberufung vorgelegen hat und sich dann außergerichtlich auf eine Abfindungszahlung zu einigen.

Die zunehmende Internationalisierung und Verschachtelung von Unternehmen führt 22 dazu, dass auch die rechtliche Stellung des Geschäftsführers nicht ausschließlich deutscher Gerichtsbarkeit unterliegt.

Beispiel: Herr F. ist angestellter Geschäftsführer der X-GmbH & Co. KG, die Produkte der französischen Mutterfirma auf dem deutschen Markt vertreibt. Im Zuge von Umstrukturierungsmaßnahmen wird das Anstellungsverhältnis gekündigt. Herr F. erstreitet vor dem (deutschen) Arbeitsgericht eine Abfindung in Höhe von rund 50.000 €. Die X-GmbH & Co. KG zahlt nicht. Daraufhin stellt der betroffene, ehemalige Geschäftsführer Konkursantrag gegen die Firma X. Diese ist vor Einleitung des Rechtsstreits bereits liquidiert.

Anschließend versucht der Geschäftsführer seinen Abfindungsanspruch gegen die 23 französische Muttergesellschaft geltend zu machen, unter Hinweis auf deren Haftung im Konzern. Vor dem Landgericht kann der Geschäftsführer seine Ansprüche noch durchsetzen. Das OLG nimmt die Revision der französischen Mutter wegen Nicht-Zuständigkeit eines deutschen Gerichtes nicht zur Verhandlung an. In der letzten Instanz vor dem Bundesgerichtshof[17] werden die Ansprüche des Geschäftsführers dann abgelehnt, und zwar mit dieser Begründung (Leitsatz): „Um Ansprüche aus einem Vertrag i. S. von EuGVÜ Art. 5 Nr. 1 handelt es sich nicht, wenn das Klagebegehren auf die Haftungsgrundsätze im qualifiziert faktischen Konzern gestützt wird. Hat zwar das abhängige, nicht jedoch das beherrschende Unternehmen seinen Sitz im Inland, sind die deutschen Gerichte zur Entscheidung eines auf diese Haftungsgrundlage gestützten Begehrens international nicht zuständig".

Dem Geschäftsführer der (inländischen) Tochtergesellschaft eines (ausländischen) internationalen Konzerns bleibt damit nichts anderes übrig, als die Zeichen der Zeit frühzeitig zu erkennen und sich nicht in falscher Sicherheit zu wägen, wenn er einen auf dem Papier vorteilhaften Vertrag unterschrieben hat.

---

16   BGH, Urteil vom 3.7.2000, II ZR 282/98
17   BGH, Beschluss vom 13.1.1997, II ZR 304/95

D.   Wettbewerbsverbot

24   Die GmbH kann vereinbaren, dass der Geschäftsführer einem nachvertraglichen Wettbewerbsverbot unterliegen soll. Da der GmbH-Geschäftsführer kein Handlungsgehilfe nach § 56 ff. HGB ist, gelten für ihn nicht die Bestimmungen über das nachvertragliche Wettbewerbsverbot (§ 74 ff. HGB), insbesondere Abs. 2 wonach ein Wettbewerbsverbot nur wirksam vereinbart werden kann, wenn dafür eine Ausgleichszahlung (Karenzentschädigung) gewährt wird. Für den GmbH-Geschäftsführer ist das nachvertragliche Wettbewerbsverbot auch dann verbindlich und wirksam, wenn die GmbH dafür nicht zahlt[18].

25   Unwirksam ist ein nachvertragliches Wettbewerbsverbot, wenn es sittenwidrig ist. Das ist der Fall, wenn der Geschäftsführer durch das Wettbewerbsverbot dermaßen in der Ausübung einer beruflichen Betätigung gehindert ist, dass dies einem **Berufsverbot** nahe kommt. Hinweise dazu sind:

- das Wettbewerbsverbot ist regional unbegrenzt wirksam,
- das Wettbewerbsverbot bezieht sich auf eine ganze Branche,
- das Wettbewerbsverbot bezieht sich auf Betätigungen, die nicht Betätigung oder nicht Haupt-Betätigung der GmbH sind,
- die zeitliche Dauer des Wettbewerbsverbotes ist nicht hinzunehmen (mehr als 2 Jahre).

26   Da die GmbH nach Ausscheiden des Geschäftsführers in aller Regel ein eigenes wirtschaftliches Interesse daran hat, dass dieser für eine gewisse Zeit nicht wettbewerblich tätig wird, ist in der Praxis der Anspruch auf Karenzzahlungen üblich und leicht durchzusetzen. Diese können zwischen der GmbH und dem Geschäftsführer in der Höhe frei vereinbart werden, in der Praxis orientiert man sich an den Bestimmungen des § 74 HGB. Danach wird als Vergütung die Hälfte der zuletzt vertragsmäßig bezogenen Leistungen vereinbart – in der Regel ist dies das zuletzt bezogene Brutto-Jahresgehalt (Festgehalt + Urlaubs- und Weihnachtsgeld, nicht aber: Sonderzuwendungen, Tantieme, Sachzuwendungen).

> Lassen Sie die Ihnen angebotene Vereinbarung über ein nachvertragliches Wettbewerbsverbot unbedingt von einem Rechtsanwalt prüfen. Hier steckt der Teufel im Detail. Zum Beispiel: „Die Vergütung für jedes Jahr des Wettbewerbsverbotes beträgt jeweils die Hälfte der im Vorjahr bezogenen Leistungen" Konkret: Im zweiten Jahr des Wettbewerbsverbotes haben Sie nur noch Anspruch auf die Hälfte der Hälfte der Zahlungen".

---

18   BGH, Urteil vom 26.03.1984, II ZR 229/83

Um das persönliche Risiko des angestellten Geschäftsführers ohne eigene Beteiligung an der GmbH einigermaßen zu begrenzen, ist es üblich, ein nachvertragliches Wettbewerbsverbot gegen eine angemessene Karenzentschädigung zu vereinbaren. Zu beachten ist: Eine GmbH, die mit ihrem Geschäftsführer ein nachvertragliches Wettbewerbsverbot vereinbart hat, kann auch noch nach Beendigung des Dienstverhältnisses auf das Wettbewerbsverbot verzichten, wobei auch die Verpflichtung der Gesellschaft zur Zahlung einer Karenzentschädigung entfällt[19]. **27**

Es kommt also auf die exakte Formulierung der Wettbewerbsvereinbarung an, wenn der Geschäftsführer sicherstellen will, dass er für die vereinbarte Zeit nach seinem Ausscheiden tatsächlich Karenzzahlungen erhält. Notwendig ist ein expliziter Hinweis darauf, dass die Vorschriften des § 75 ff. HGB analog für den Geschäftsführer gelten sollen. Umgekehrt bedeutet dies aus Sicht der GmbH: Will sich die Gesellschaft die Möglichkeit offen halten, jederzeit von einem vereinbarten Wettbewerbsverbot zurückzutreten, muss anstelle der Vereinbarungen zu § 75a wie folgt formuliert werden: „Die Gesellschaft kann jederzeit mit Wirkung zum Ende eines Kalendermonats auf die Einhaltung des nachvertraglichen Wettbewerbsverbotes durch schriftliche Erklärung gegenüber dem Geschäftsführer verzichten". **28**

Aber auch ohne Vereinbarung des Rücktrittes gilt, dass die GmbH jederzeit von der Einhaltung des Wettbewerbsverbotes und der Zahlung einer Karenzentschädigung zurücktreten kann. Die GmbH muss dem Geschäftsführer dann aber eine Dispositionsfrist einräumen[20]. **29**

E. Amtsniederlegung

Der GmbH-Geschäftsführer wird von der Gesellschafterversammlung berufen bzw. abberufen. Andererseits hat der Geschäftsführer die Möglichkeit, sein Amt niederzulegen. Diese Möglichkeit ist zwar im GmbH-Gesetz nicht ausdrücklich vorgesehen, sie ergibt sich jedoch aus den Rechtsfolgen des § 38 GmbH-Gesetz und der entsprechenden Auslegung durch Gerichtsentscheide. Unabhängig von der Niederlegung des Amtes ist das Beschäftigungsverhältnis des GmbH-Geschäftsführers zu sehen, also die Kündigung des Anstellungsvertrages durch den Geschäftsführer. **30**

Die Amtsniederlegung durch den Geschäftsführer ist als einseitige und sofortige Maßnahme bei Vorliegen eines wichtigen Grundes **jederzeit** zulässig und wirksam. Im Allgemeinen führt dies zu einer Beendigung des Anstellungsvertrages. Ein wichtiger Grund liegt vor, wenn dem Geschäftsführer die Fortsetzung des Geschäftsführer-Amtes nicht zugemutet werden kann (Krankheit, Verlust der Alleinvertretungsbefugnis, **31**

---

19   OLG Düsseldorf, Urteil vom 22.8.1996, 6 U 150/95
20   OLG München, Urteil vom 28.7.2010, 7 U 2417/10

ständige Querelen mit den Gesellschaftern; nicht jedoch: die wirtschaftliche Krise der GmbH). Ist strittig, ob ein wichtiger Grund vorliegt, ist die Amtsniederlegung trotzdem wirksam. Allerdings können hier aus eventuellen Pflichtverletzungen aus dem Anstellungsvertrag Schadensersatzansprüche entstehen. Eine Amtsniederlegung ohne wichtigen Grund ist nur zulässig unter Beachtung der Kündigungsfristen aus dem Anstellungsvertrag.

The manufacturer's authorised representative in the EU is Springer
Nature Customer Service Centre GmbH, Europaplatz 3, 69115 Heidelberg,
Germany. If you have any concerns regarding our products, please
contact ProductSafety@springernature.com

Printed and bound by CPI Group (UK) Ltd, Croydon, CR0 4YY
26/04/2026
02097302-0005